Basic

Pattern &

Cutting

초보자를 위한 홈 소잉 기초 교과서!

쉽게 배우는
패턴&재단

미즈노 요시코 지음 | 김수연 옮김

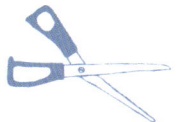

Basic

Pattern &

Cutting

CYPRESS
싸이프레스
Creative and joyful 싸이프레스

옷 만들기는 치수 재기, 재단, 재봉의 과정을 거칩니다.

입을 사람에게 맞는 패턴으로 원단을 재단하고 옷을 만드는 것이지요.

이 책에서는 시중에 판매되는 바느질 서적의 부록이나 인터넷에서 구할 수 있는

실물 크기 패턴의 사용법과 원단 재단 방법, 패턴 사이즈 보정법 등을

풍부한 사진을 곁들여 상세하게 설명하고 있습니다.

재봉할 때 문제가 없도록 제대로 된 패턴을 만들어서 정확하게 재단하도록 하세요.

정확한 재단은 깔끔한 마무리를 위해서도 중요한 과정이랍니다.

이제 실물 크기 패턴을 활용해서 재봉할 때도 즐겁고,

완성한 후에는 착용감까지 만족스러운 옷을 만들어보기 바랍니다.

Contents

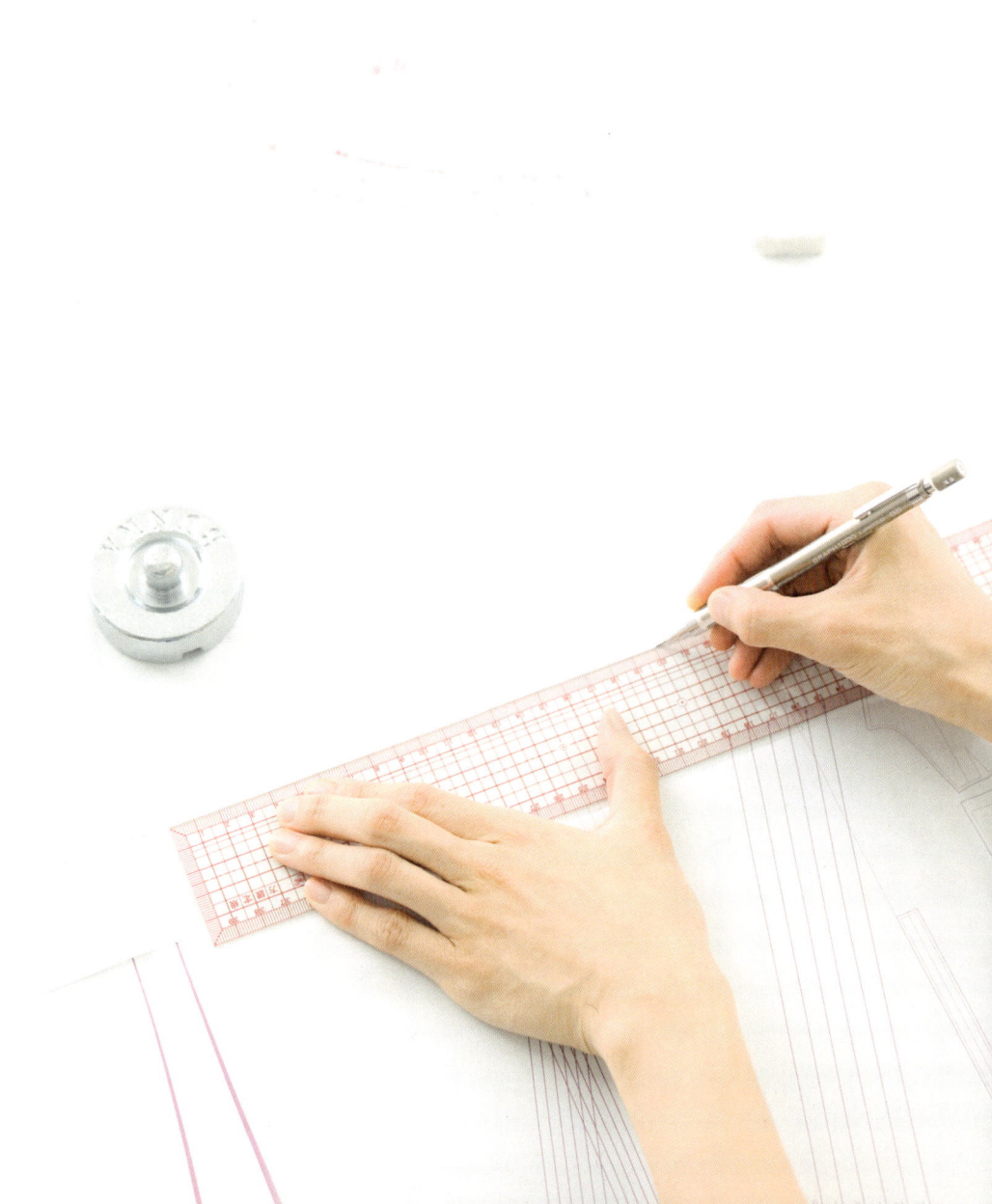

패턴이란 옷을 만들 때의 형태를 종이에 그려서 잘라낸 재단용 옷본을 말합니다.

패턴 만들기는 입을 사람에게 맞는 사이즈를 선택하는 것부터 시작하는 재단의 준비 과정입니다.

재단하고 나서 잘못 재단된 사실을 깨닫거나 재봉을 시작하고 나서 재봉할 치수가 맞지 않는 일이 없도록

제대로 된 패턴을 만들어보세요.

패턴 만들기

Basic
Pattern &
Cutting

Basic

도구

패턴을 만들 때 사용하면 편리한 도구들

1 부직포 패턴지(p.16)
2 방안자 50cm
3 방안자 30cm(p.29)
4 자 30cm
5 문진
6 H커브자(p.22)
7 D커브자(p.20)
8 암홀자(p.21)
9 샤프펜슬
10 지우개
11 줄자(p.29)
12 커팅자(p.40)
13 커팅매트
14 커터칼(p.40)
15 종이가위(p.40)

패턴 선택법

시중에 판매하는 바느질 서적에 부록으로 들어 있는 실물 크기 패턴 중에서 원하는 사이즈를 선택한다.

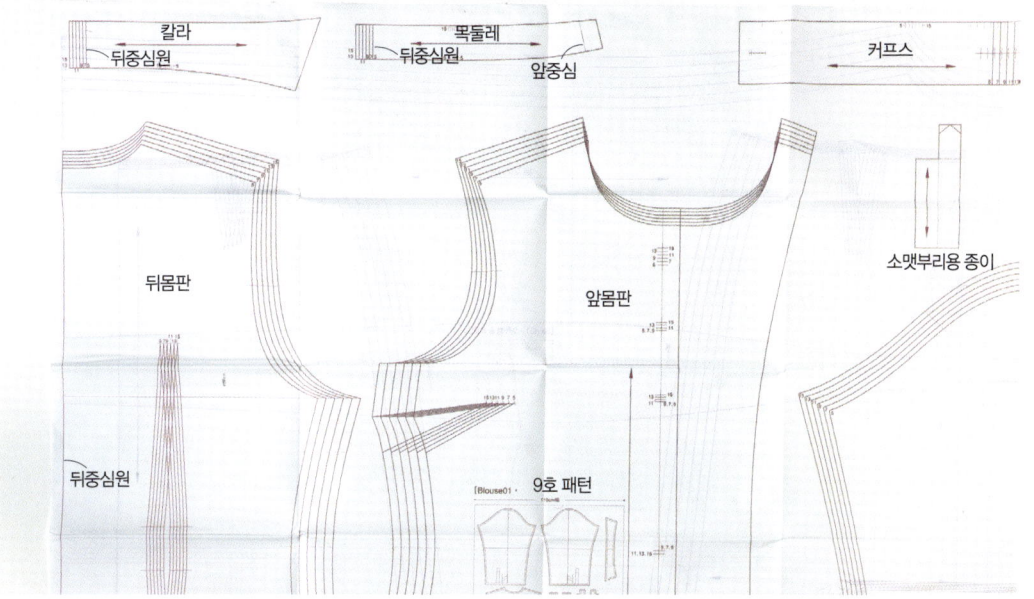

기본 신체 치수와 참고 신체 치수

먼저 입을 사람의 치수를 잰다. 그 다음 표에서 입을 사람의 치수와 비슷한 사이즈를 선택한다. 사이즈 표에는 기본 신체 치수와 참고 신체 치수가 나와 있는데 여유분은 아이템이나 디자인에 따라 다르기 때문에 신체 치수와 비교해보면 여유분을 어느 정도 줘야 할지 알 수 있다.

정장 상의, 원피스의 호칭 및 신체 치수(보통 체형)(단위: cm)

호칭	기본 신체 치수			참고 신체 치수			
	가슴둘레	엉덩이둘레	키	허리둘레	등길이	어깨 사이 길이	팔길이
82-88-150	82	88	150	69.5	37.4	37.6	50.4
79-85-155	79	85	155	66.1	37.2	38.1	51.5
82-88-155	82	88	155	67.8	37.5	38.7	51.5
82-91-155	82	91	155	69.1	37.3	38.9	51.6
85-88-155	85	88	155	70.5	38.0	39.3	51.6
85-91-155	85	91	155	70.9	37.6	39.4	51.9
88-91-155	88	91	155	73.3	39.8	39.6	52.3
88-94-155	88	94	155	74.5	38.0	39.8	52.2
79-85-160	79	85	160	64.6	37.7	39.2	53.0
79-88-160	79	88	160	64.7	37.8	39.0	52.6
82-88-160	82	88	160	67.0	38.4	39.8	53.6
82-91-160	82	91	160	68.0	38.0	38.7	53.7
85-91-160	85	91	160	70.0	38.5	39.5	53.2
88-94-160	88	94	160	72.6	38.4	39.7	54.1
91-94-160	91	94	160	76.9	38.5	40.5	53.6
91-97-160	91	97	160	80.3	39.0	40.5	53.7
82-88-165	82	88	165	66.9	39.3	39.4	54.9
82-91-165	82	91	165	69.6	39.9	40.4	54.8
85-91-165	85	91	165	69.1	39.9	40.7	54.5
88-94-165	88	94	165	72.2	39.7	41.0	54.8

*피트성이 필요하지 않은 캐주얼 원피스는 제외함.

패턴 제도 기호

실물 크기 패턴에 적혀 있는 다양한 기호의 의미를 알아본다.

올 방향

원단의 식서에 평행(세로올 방향)하게 맞춘다.

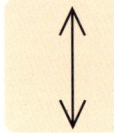 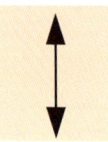

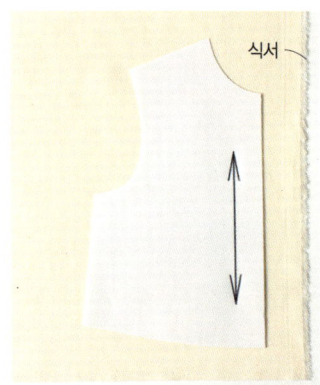

식서

가로올 방향으로
재단하기

바이어스로
재단하기

 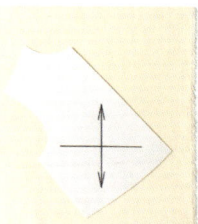

골선으로 재단하기

골선으로 재단하는 위치를 나타내는 선.
주로 패턴의 앞중심과 뒤중심에서 많이 사용된다.

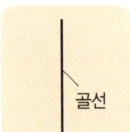 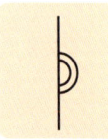 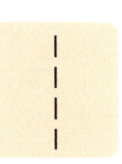

골선

골선

턱 표시

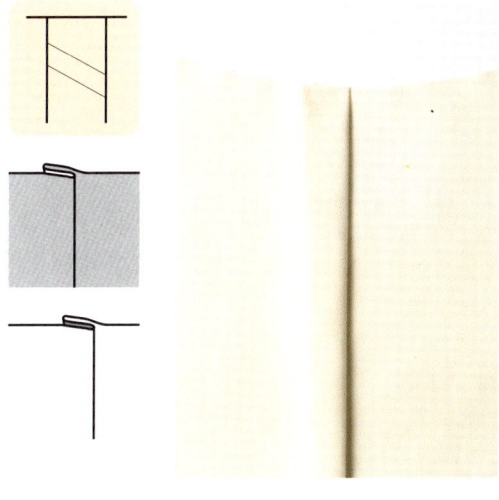

앞 핀턱

사선 턱

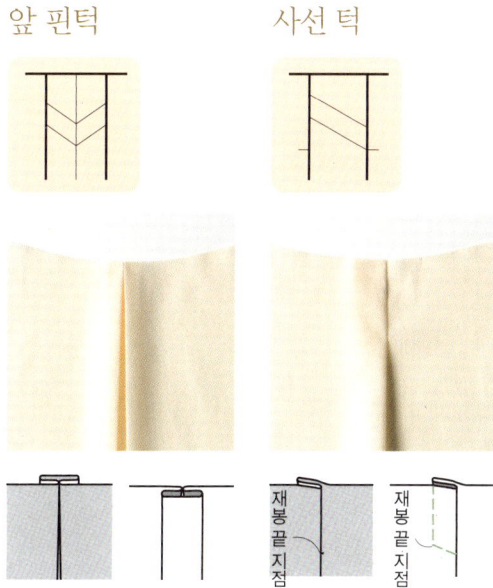

재봉끝지점

재봉끝지점

개더 표시

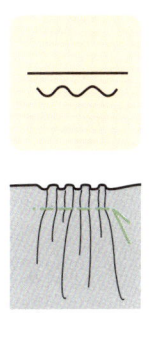

다트 표시

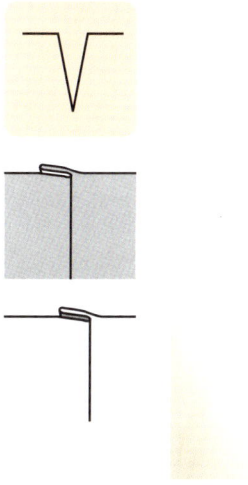

패턴 베끼기

원하는 패턴에 표시하기

일반 바느질 서적에 부록으로 들어 있는 실물 크기 패턴은 여러 가지 원단 조각이 겹쳐져 있는 경우가 많다.
만들고자 하는 아이템과 사이즈를 정했다면 베낄 패턴에 표시해서 알아보기 쉽도록 한다.

형광펜으로 표시하기

패턴을 베끼는 과정에서 다른 패턴과 혼동되는 일이 없도록 사이즈, 맞춤 표시. 모서리 등에 표시를 해둔다.

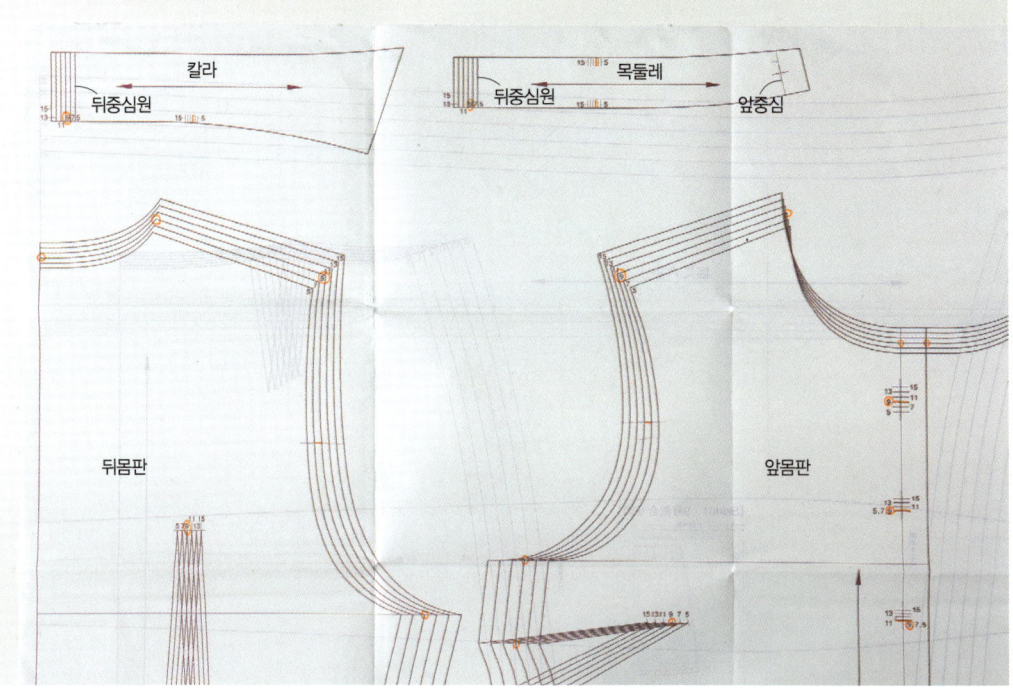

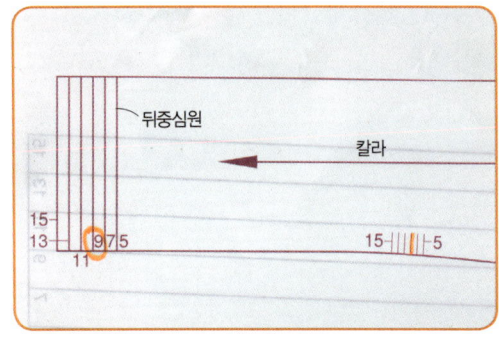

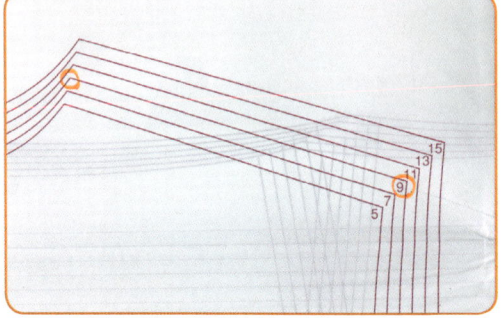

포스트잇 붙이기

원단 조각이 많을 때는 포스트잇을 붙여서 실수하거나 빠뜨리는 부분이 없도록 한다.

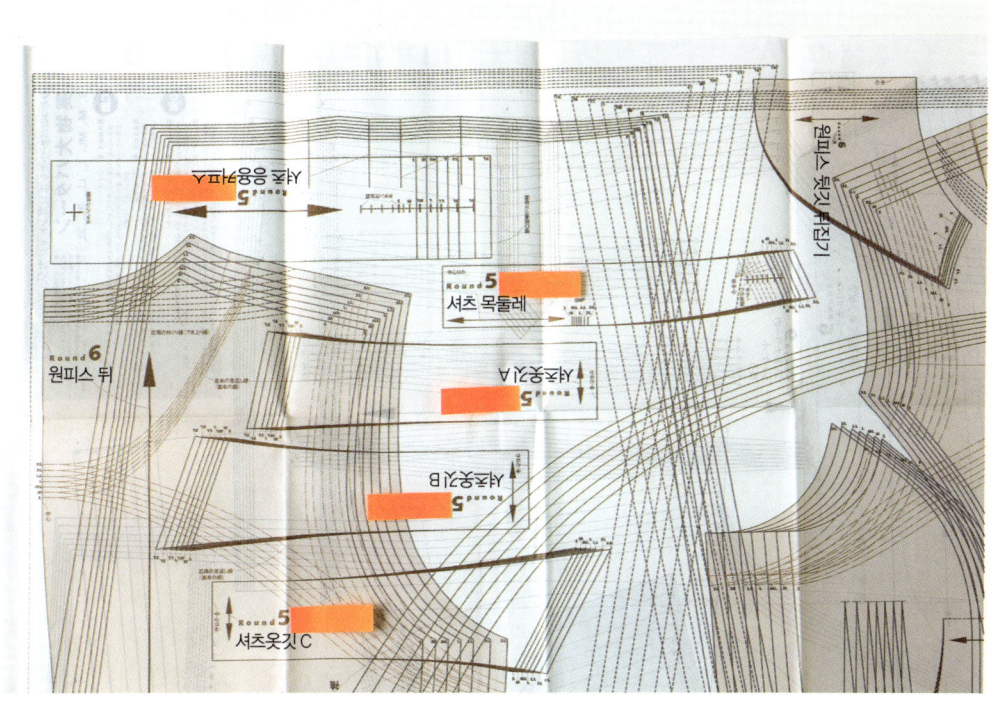

형광펜
발색이 좋으며 패턴에 표시된 라인이 눈에 띄게 해주는 펠트펜. 알코올 염료가 들어있는 형광펜은 색이 잘 번지지 않아서 좋다.

포스트잇
어디든 쉽게 붙였다 떼었다 할 수 있는 메모지. 접착력이 강한 타입은 떼어냈을 때 패턴지 표면이 찢어질 수도 있으므로 주의한다.

패턴지 올려놓기

뒤몸판을 예로 들어 설명한다.

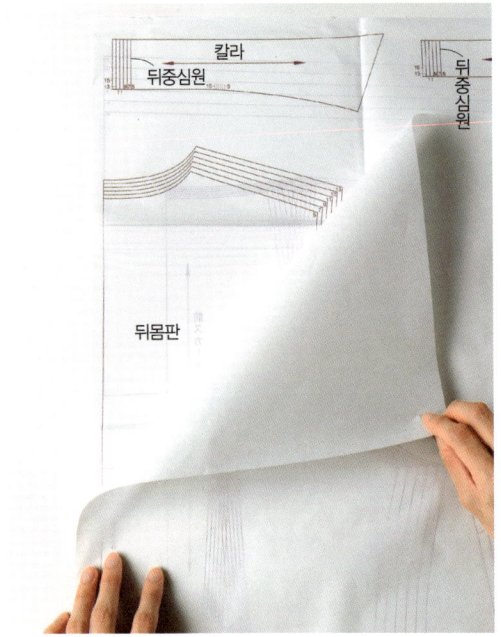

| **1** 베끼고자 하는 패턴 주위에 약간의 여백을 두고 패턴지를 올려놓는다. | **2** 패턴지가 움직이지 않도록 문진으로 눌러둔다. 이때 문진이 베낄 선 위를 가리지 않도록 한다. |

부직포 패턴지
실물 패턴을 베낄 때 사용하는 패턴지. 얇고 잘 비쳐서 패턴 베끼기가 용이하며, 부직포로 되어 있어서 잘 찢어지지 않는다.

직선 베끼기

중심선부터 베낀다. 선을 길게 그릴 경우에는 자를 이동시키면서 그려준다.

1 패턴지 너머로 비쳐 보이는 뒤중심선에 자를 정확하게 맞추어 댄 다음, 왼손으로 누르고 있는 범위 안의 선을 그린다.

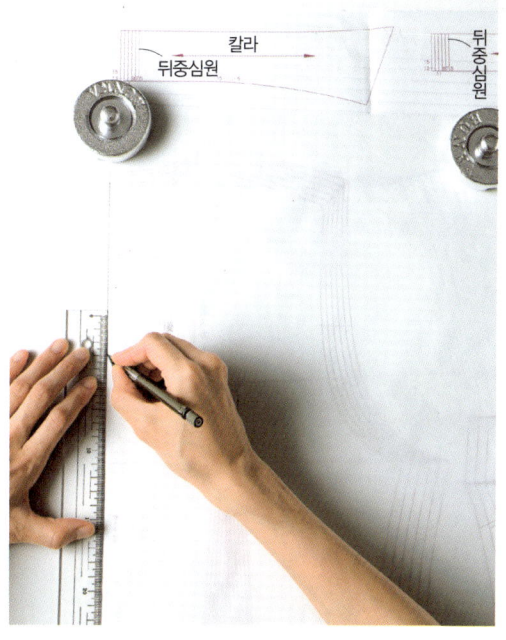

2 펜을 패턴지에 댄 채로 자만 아래로 이동시킨다.

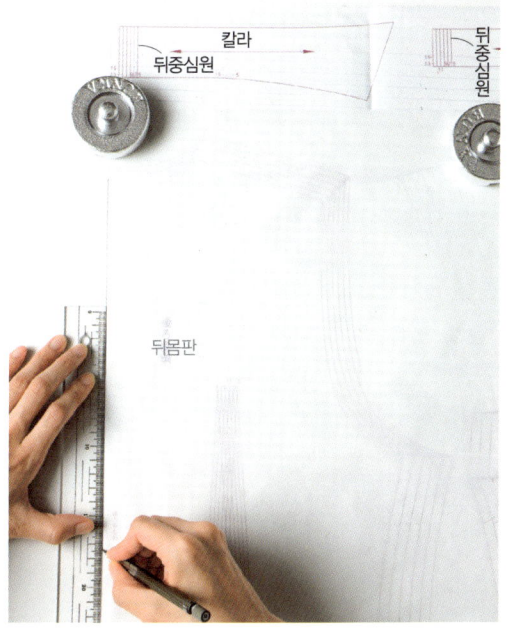

3 1, 2를 반복하여 직선을 베껴나간다.

중심선 옆에 있는 선들을 차례로 꼼꼼하게 베낀다.

곡선 베끼기

도구 없이 베끼기

선이 자연스럽고 매끄럽게 이어지도록 그린다

1 패턴의 선을 따라가면서 곡선을 베껴나간다.

2 곡선이 심한 부분은 조금씩 그려나간다.

직선자 사용하기

곡선을 따라 자를 조금씩 이동시키면서 선을 그린다.

| 17페이지의 '직선 베끼기'와 같은 요령으로 자를 조금씩 이동시키면서 베껴나간다.

2 펜을 패턴지에 댄 채로 선이 끊어지지 않게 베껴나가면 부드럽고 완만한 선을 그릴 수 있다.

D커브자 사용하기

패턴의 곡선에 자의 모양이 맞는 부분을 대고 선을 그린다.

| 목둘레에 맞춰 그린다.

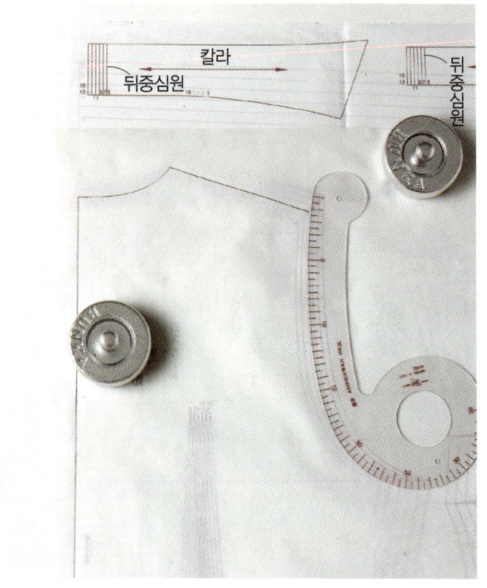

2 진동둘레에 맞춰 그린다.

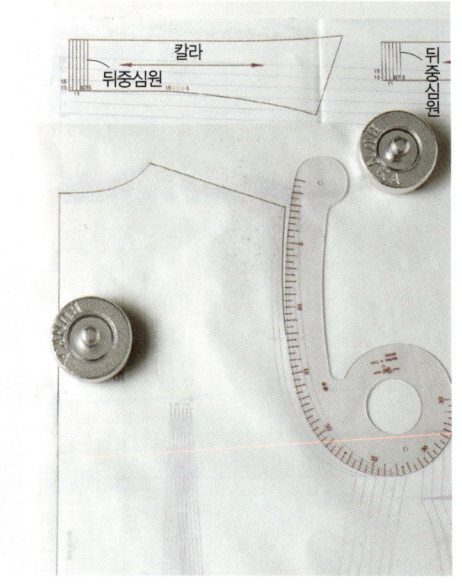

3 D커브자를 맞는 곡선으로 이동시키며 곡선을 베낀다.

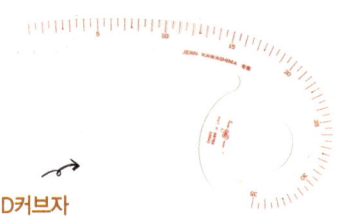

D커브자

D는 'Deep(깊은)'의 앞글자를 딴 것. 진동둘레, 목둘레 등 둥글고 깊은 부분을 제도할 때나 곡선의 길이를 잴 때 사용한다.

특수자 사용하기

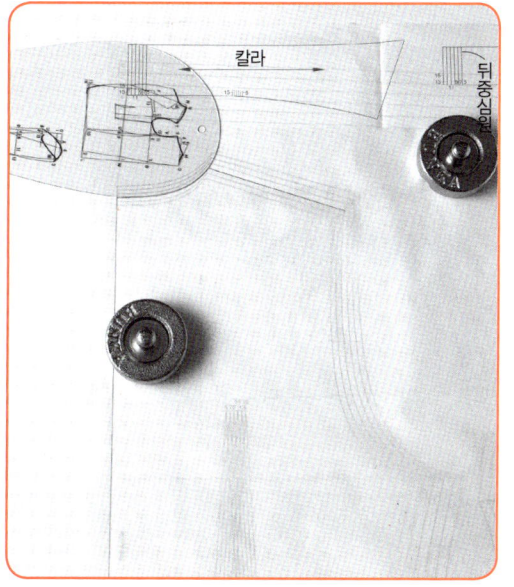

| 목둘레에 맞춰 그린다.

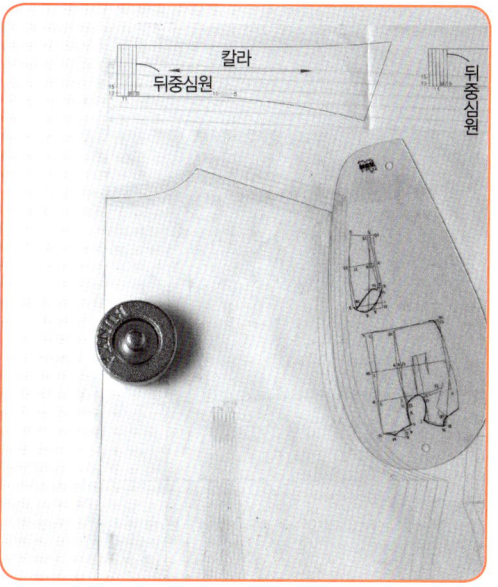

2 자를 진동둘레에 맞춘다. 20페이지의 'D커브자 사용하기'와 같은 요령으로 그린다.

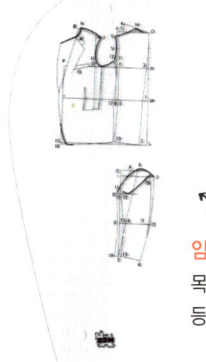

암홀자
목둘레, 진동둘레(암홀), 소매산
등의 곡선을 그릴 때 사용한다.

H커브자 사용하기

※ 스커트의 옆선을 예로 들어 설명한다.

1 허리부터 엉덩이선(HL)까지 이어진 곡선에 자를 맞추어 베낀다.

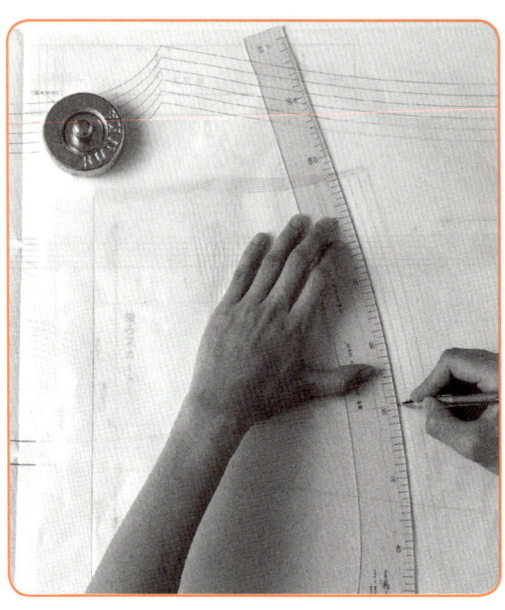

2 엉덩이선 부분에서 일단 멈춘다.

3 엉덩이선부터 밑단선까지는 직선이므로 직선자나 방안자로 바꿔서 그려준다.

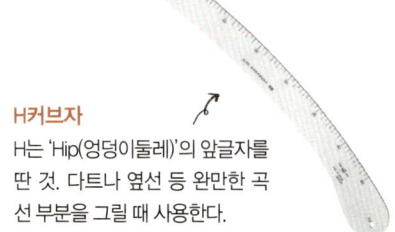

H커브자
H는 'Hip(엉덩이둘레)'의 앞글자를 딴 것. 다트나 옆선 등 완만한 곡선 부분을 그릴 때 사용한다.

✚ 패턴 밑에 패턴지를 깔고 베끼는 법

선을 알아보기 어려운 경우에는 패턴 밑에 패턴지를 깔고 룰렛으로 베낀다.

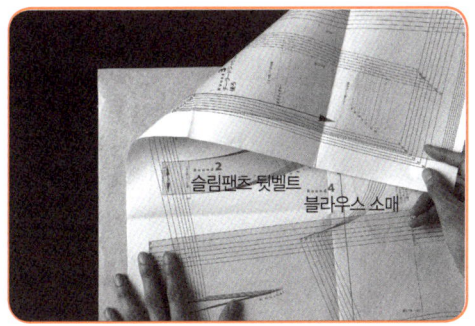

1 베끼고자 하는 패턴이 들어가도록 패턴지를 밑에 깔아놓는다.

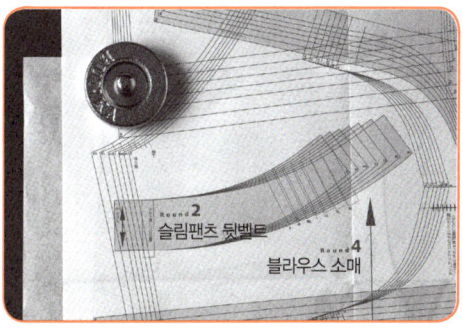

2 움직이지 않도록 문진으로 누른다.

3 룰렛으로 패턴지에 선을 베껴나간다.

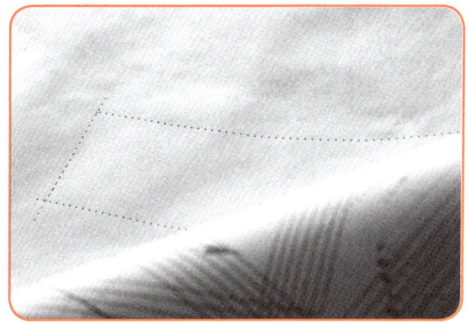

4 룰렛으로 표시한 자국. 룰렛 자국을 따라 선을 그려준다.

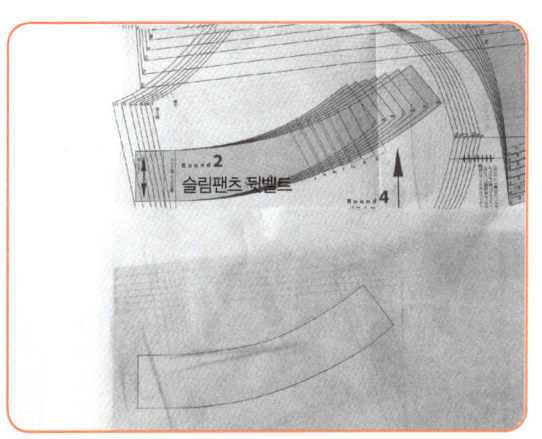

룰렛
손잡이 앞쪽에 작은 톱니가 달려 있는 도구. 톱니를 회전시켜서 패턴이나 원단에 점선 표시를 한다.

패턴 확인하기

재봉할 선의 치수를 확인하고 선이 자연스럽게 이어지는지를 확인한다.
확인할 때는 자로 직접 잴 수도 있고 패턴과 패턴을 겹쳐서 맞춰 볼 수도 있다.
직선끼리의 치수는 겉과 겉이 마주 보도록 패턴을 맞대고, 곡선의 경우에는 한쪽을 뒤집어 겹쳐서 확인하는 것이 좋다.

어깨선, 목둘레, 진동둘레

재봉할 상태로 맞춰놓고 확인한다.

SNP

SNP
옆목점(Side Neck Point)이라고
하며, 목둘레선과 어깨선이 만나
는 점을 뜻한다.

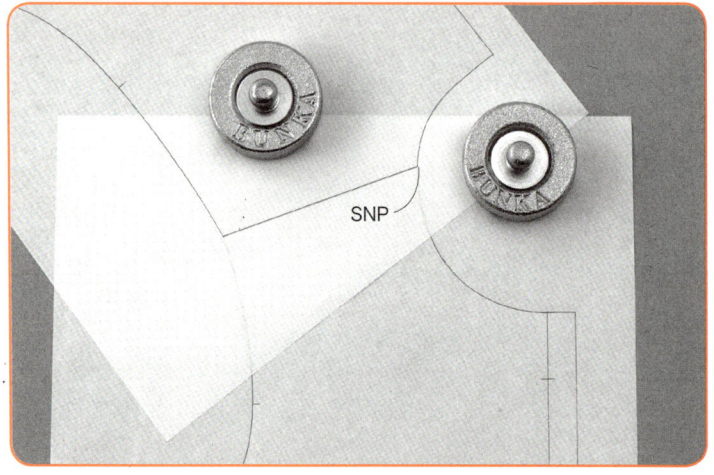

| 앞판 위에 뒤판을 올려놓고 앞뒤의 패턴을 어깨선끼리 맞댄다. 이때 SNP를
맞춘다.

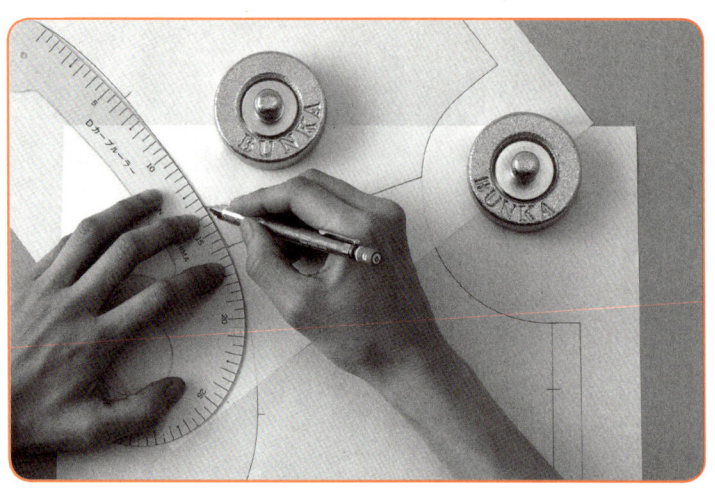

2 앞뒤의 진동둘레선이 어긋나면 자연스럽게 이어지도록 선을 다시 그려준다.

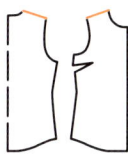

3 뒤판의 진동둘레를 다시 그린 모습. 앞판의 진동둘레는 뒤판의 패턴을 밑으로 가게 해서 다시 베껴 그린다.

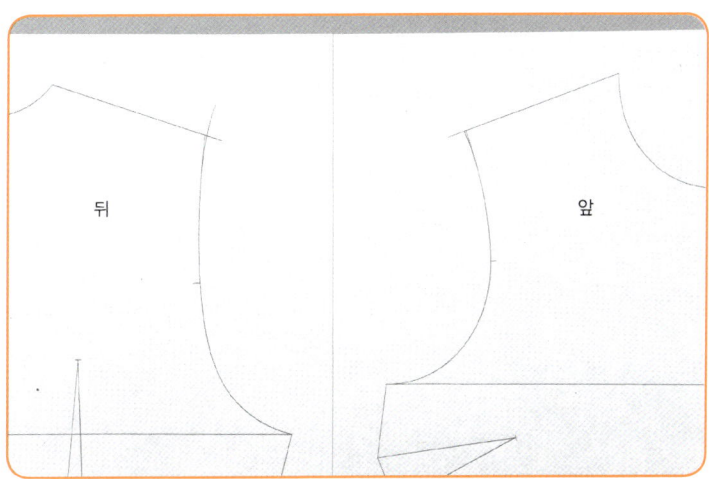

4 패턴 확인을 마친 상태

옆선, 밑단

스커트의 경우

| 허리선(WL)부터 엉덩이선까지 이어지는 곡선의 치수
는 패턴 한쪽을 뒤집은 뒤에 겹쳐서 확인한다.

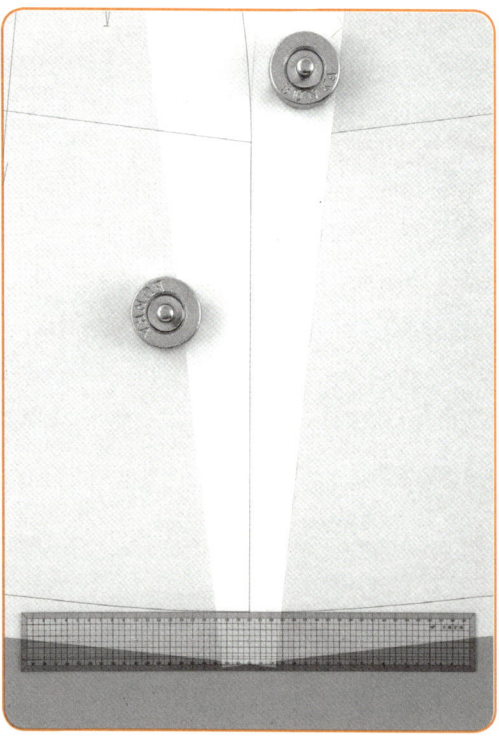

2 엉덩이선부터 밑단까지 이어지는 직선은 겉으로 해
서 맞댄 뒤에 치수를 확인한다. 앞뒤의 밑단선이 어긋난
경우에는 자연스럽게 이어지도록 선을 다시 그려준다.

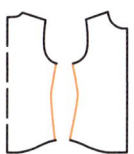

몸판의 경우

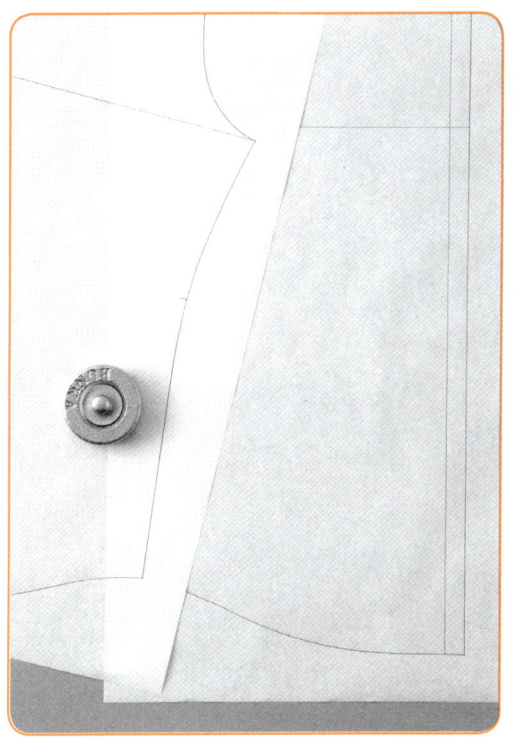

맞대서 치수를 확인하고 밑단선이 자연스럽게 이어지는
지를 확인한다.

팬츠의 경우

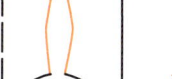

한 번에 맞추기 힘든 선은 패턴을 조금씩 움직여 맞춰가
면서 치수를 확인해간다.

소매 밑단, 진동둘레, 소맷부리

원통형으로 재봉할 패턴은 원통 모양으로 말아서 확인한다.

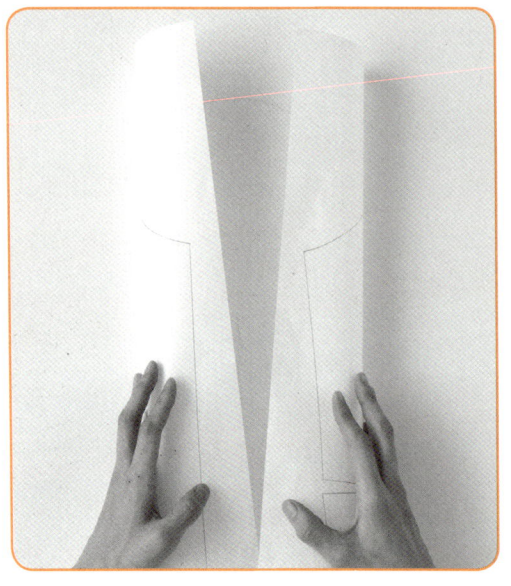 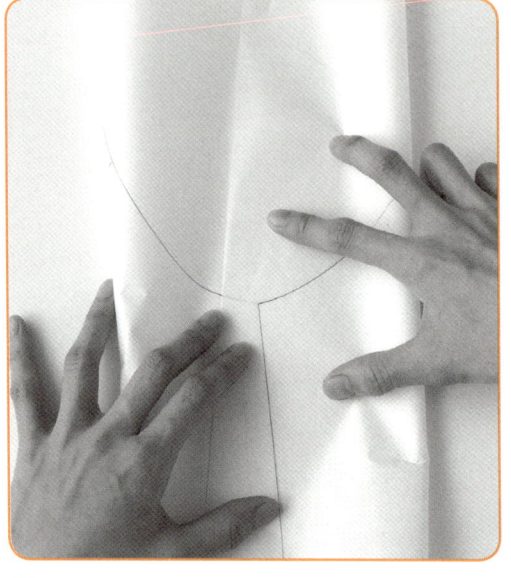

1 소매 패턴을 소매 밑선부터 맞춰지도록 둥글게 말아준다.

2 소매 밑선을 맞춘 다음 진동둘레(소매산 밑부분), 소맷부리의 선이 자연스럽게 이어지는지를 확인한다.

다트

재봉할 상태로 선을 맞대어 확인한다. 다트와 턱은 패턴을 접어서 확인해도 된다(p.36 참조).

1 허리의 다트 부분이 들어갈 만한 크기의 종이를 따로 준비하여 허리선부터 중심 쪽의 다트 끝점까지 베낀다.

2 다트 끝점을 펜으로 누른 상태에서 다트선을 베낀 종이를 회전시켜 옆솔기 쪽의 다트선에 맞춘다. 그 다음 허리선이 자연스럽게 이어지는지를 확인한다.

소매산과 진동둘레

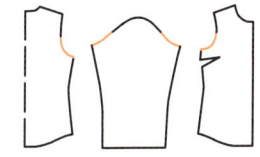

겹쳐서 맞추는 것으로 확인하기 어려운 곡선은 방안자나 줄자를 사용해서 잰다.

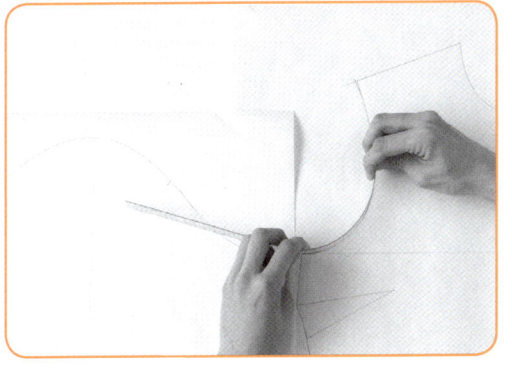 

몸판의 진동둘레 밑선에서부터 맞춤 표시까지의 거리와 소매산의 밑에서부터 맞춤 표시까지의 거리를 각각 잰다.

 Tip

곡선 치수 재는 법

곡선 치수를 잴 때는 방안자나 줄자를 종이에 수직으로 세운 다음 곡선을 따라 잰다.

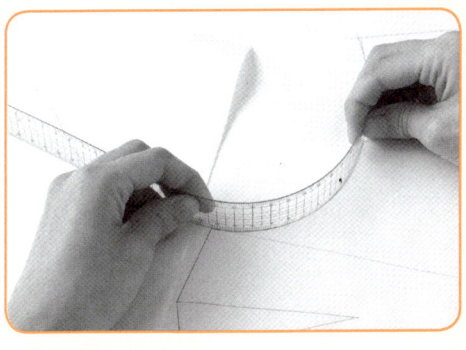 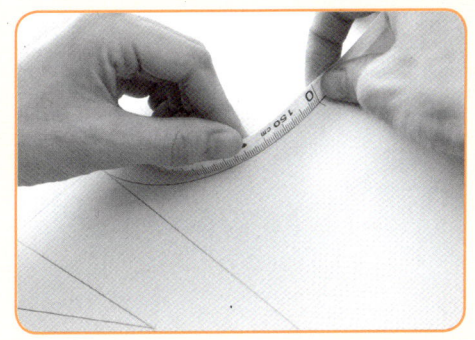

방안자(2.5×30cm)
5mm의 방안 눈금이 그려져 있는 자. 평
행선, 직각선을 비롯해 시접이나 핀턱을
표시할 때도 유용하다. 폭이 좁은 만큼
부드럽게 구부려서 잴 수 있다.

줄자
인체의 치수를 재거
나 제도의 곡선을 재
는 테이프 모양의 자

✛ 곡선이나 긴 길이를 깔끔하게 재봉하기 위한 노하우

올 방향이 바이어스에 가까워질 경우나 재봉할 치수가 긴 경우에는
맞춤 표시를 넣어서 재봉할 때 원단이 밀리지 않도록 한다.

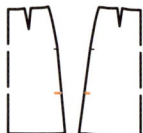

스커트의 옆선

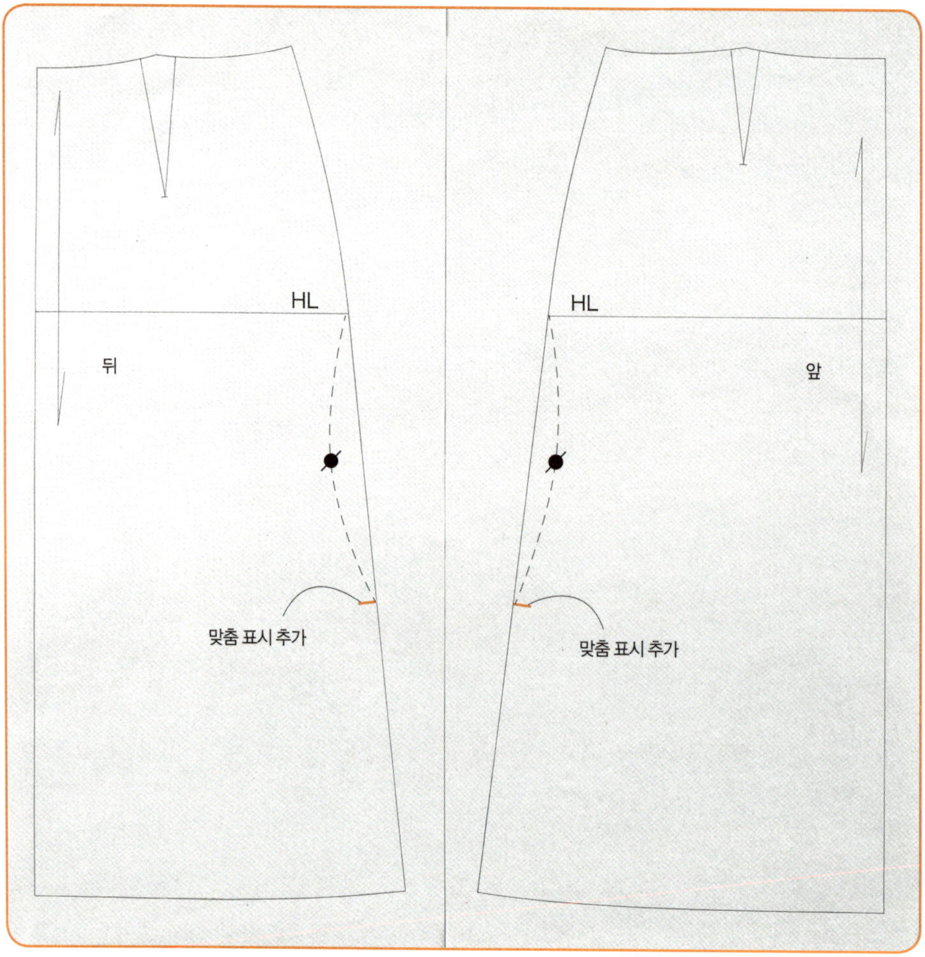

HL

뒤

앞

HL

맞춤 표시 추가

맞춤 표시 추가

길게 재봉할 선의 중간쯤에 맞춤 표시를 추가한다.

칼라와 목둘레

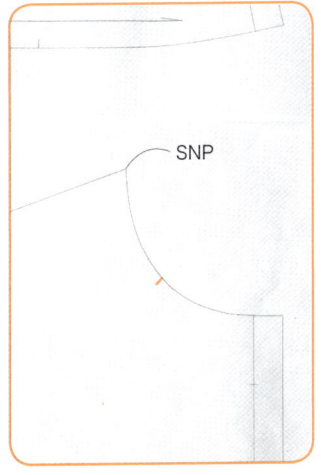

1 몸판의 앞중심과 SNP의 중간쯤에 맞춤 표시를 추가한다.

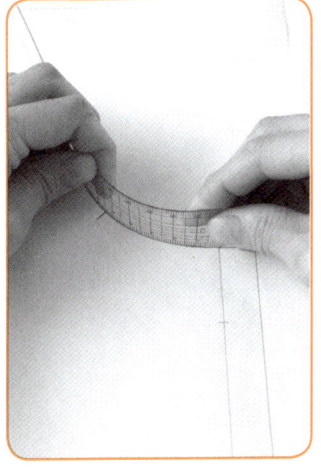

2 앞중심부터 추가한 맞춤 표시까지의 치수를 p.29의 '곡선 치수 재는 법'과 같은 요령으로 잰다.

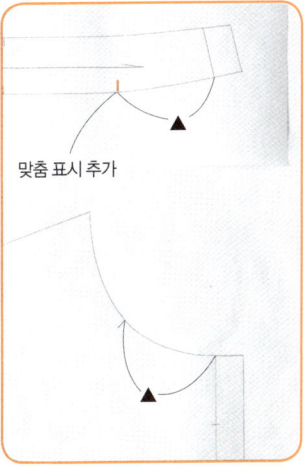

3 칼라 패턴의 앞중심에서부터 똑같은 치수(▲)의 위치에 맞춤 표시를 추가한다.

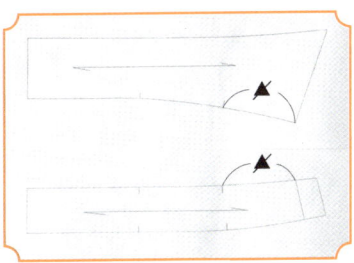

겉 칼라에도 동일한 방법으로 맞춤 표시를 넣는다. 패턴이 완성된 모습

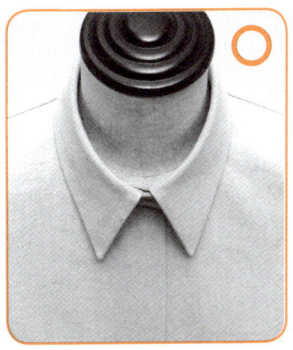

칼라 패턴에 맞춤 표시를 추가해서 원단이 밀리는 현상을 막아준 경우. 좌우 균형이 잘 맞는다.

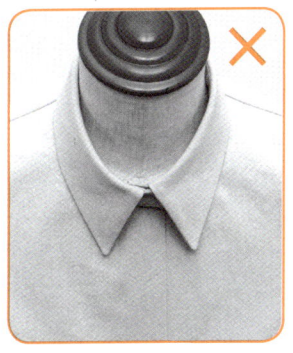

칼라 패턴에 맞춤 표시를 추가하지 않아서 원단이 밀려버린 경우. 칼라가 살짝 비뚤어져 있다.

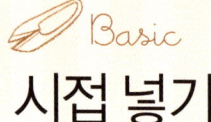
시접 넣기

정확하게 재단하기 위해서 시접을 넣은 패턴을 만든다. 완성선 표시 등 재단 후의 작업도 줄어든다.

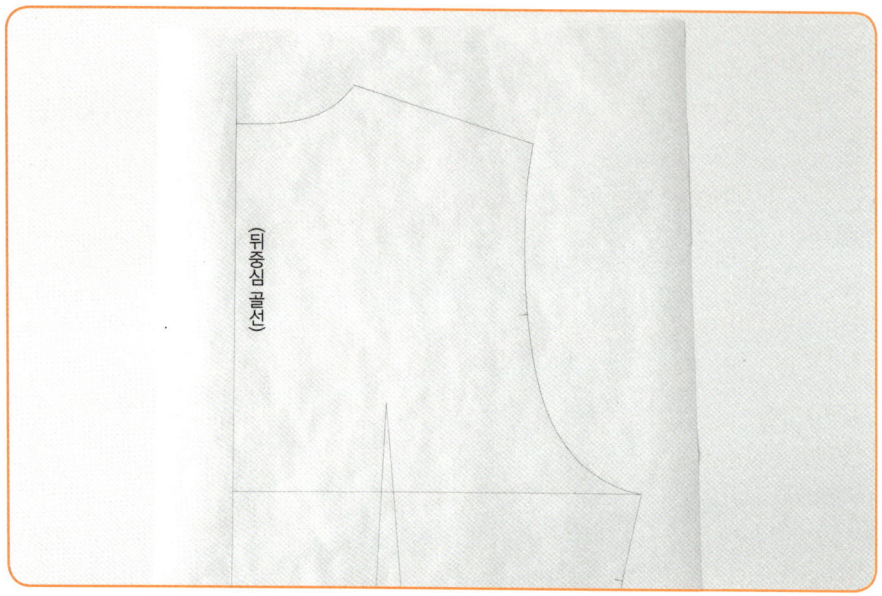

(뒤중심 골선)

시접 넣기 전의 뒤판 패턴

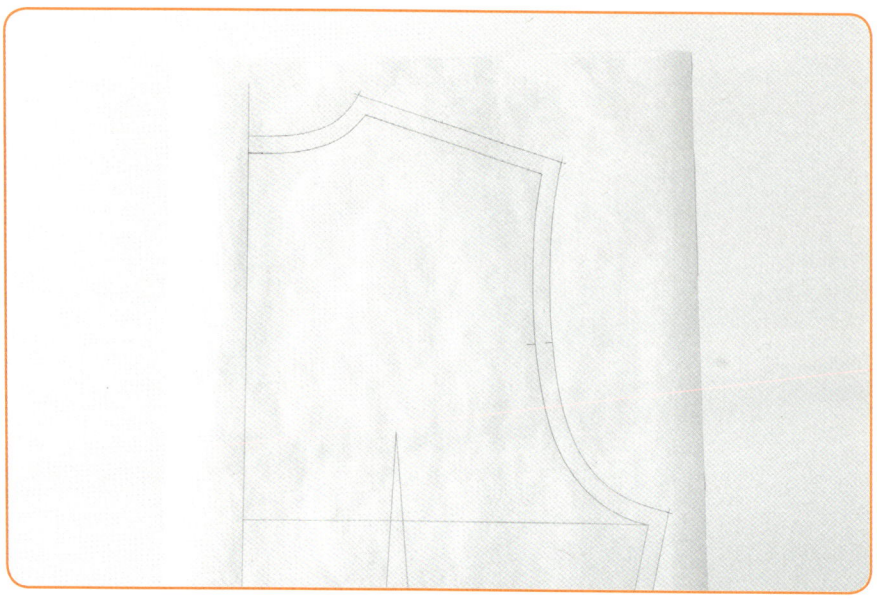

골선으로 처리된 뒤중심을 제외한 나머지 부분에 시접을 넣어준 모습

곡선에 시접 넣기

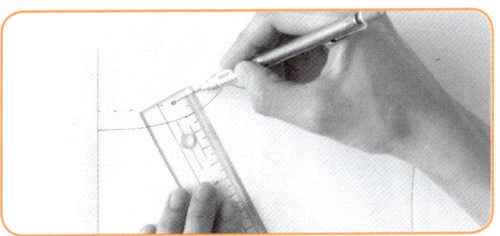

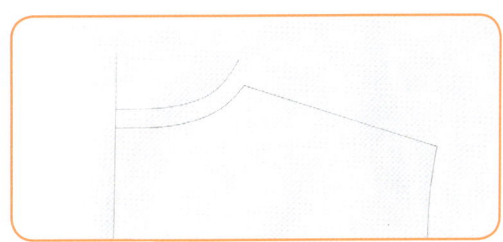

| 패턴의 완성선에서 시접폭의 치수를 촘촘하게 표시해 준다.

2 표시한 위치를 연결하여 시접선을 그린다.

방안자를 사용할 경우

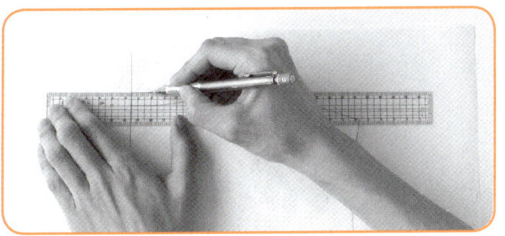

| 직선 부분은 자의 눈금을 시접폭의 치수에 맞춰서 그 린다.

2 곡선 부분은 자의 눈금을 시접폭만큼 유지한 채 자를 조금씩 이동시켜서 그린다.

직선에 시접 넣기

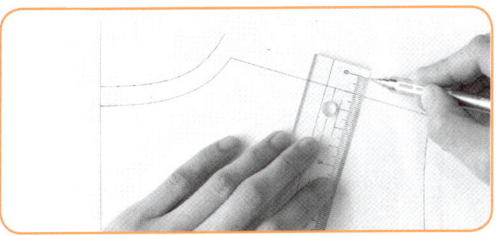

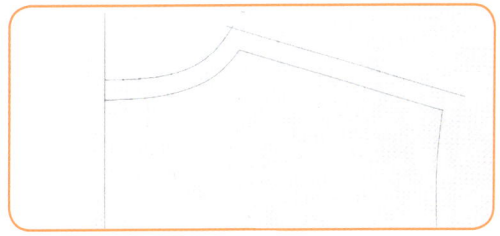

| 패턴의 완성선에서 시접폭의 치수를 표시한다.

2 표시한 곳을 직선으로 연결한다.

방안자를 사용할 경우

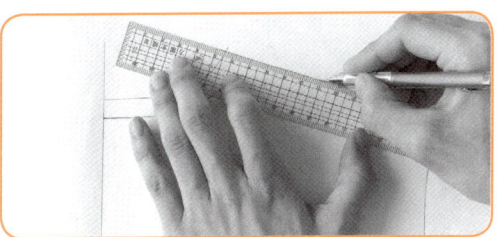

자의 눈금을 시접 폭의 치수에 맞춰 서 그린다.

✚ 방안자 사용법

자에 촘촘하게 그려져 있는 치수를 이용하면 선을 정확하게 그릴 수 있다.

평행선

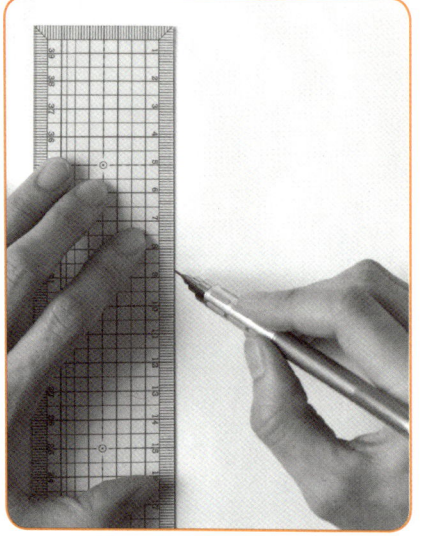

1 기본선을 그린다.

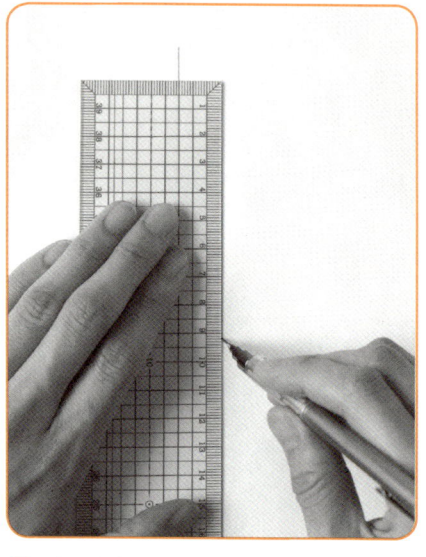

2 기본선에 그리고자 하는 폭만큼의 눈금을 맞추어 평행하게 선을 그린다.

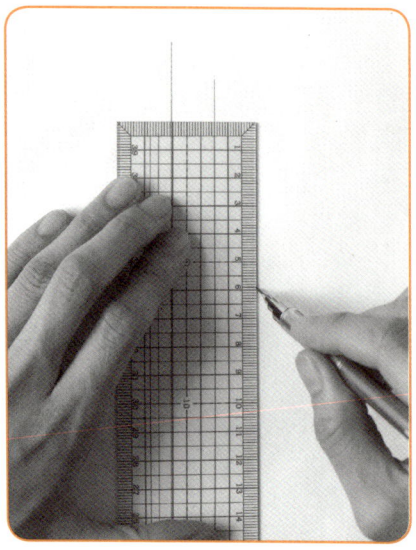

3 2와 같은 요령으로 세 번째 직선을 그린다.

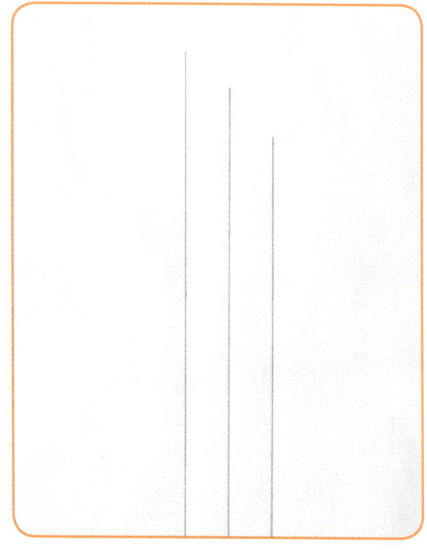

4 평행선이 완성된 모습

수직선(90°)

1 기본이 되는 직선과 수직으로 교차하도록 자의 눈금을 맞춘다.

2 수직선이 완성된 모습

바이어스선(45°)

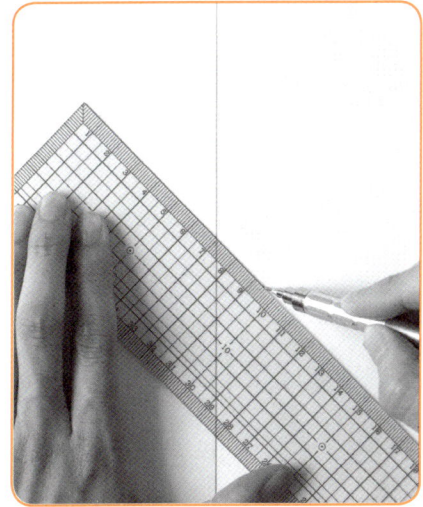

1 기본이 되는 직선과 45°로 교차하도록 자에 그려진 눈금의 교점을 맞춘다.

2 바이어스선이 완성된 모습

시접을 넣을 때 주의해야 할 부분

재봉할 선에 각도가 있는 경우에는 시접을 넣는 방법이 다르다.

다트

패턴을 접어서 시접을 넣는다.

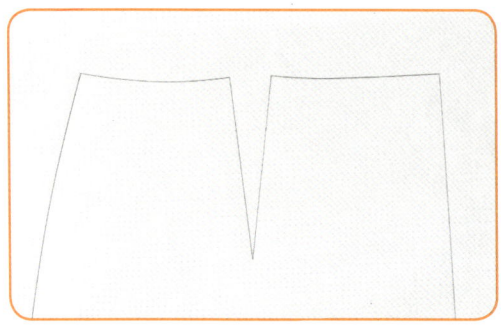

시접을 넣어줄 패턴

| 다트를 재봉할 상태로 접는다.

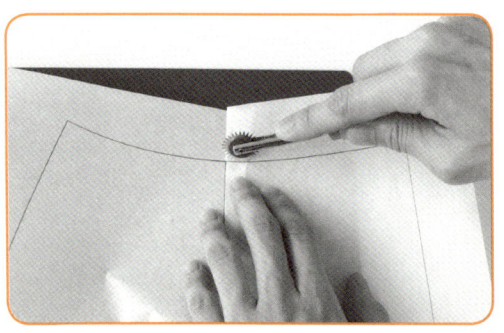
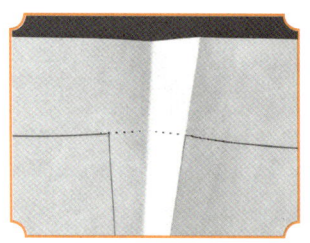

2 접은 상태 그대로 허리선을 따라 룰렛으로 표시한다.

3 패턴을 펴면 다트 안에 룰렛 자국이 생긴 것을 확인할
수 있다. 그 자국을 따라 시접폭을 평행하게 넣는다.

턱

'다트'와 마찬가지로 패턴을 완성 상태로 접어보면 틀리는 것을 막을 수 있다.

사선 턱의 경우

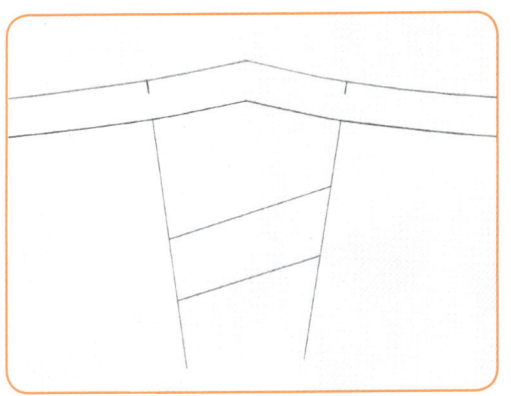

앞 핀턱의 경우

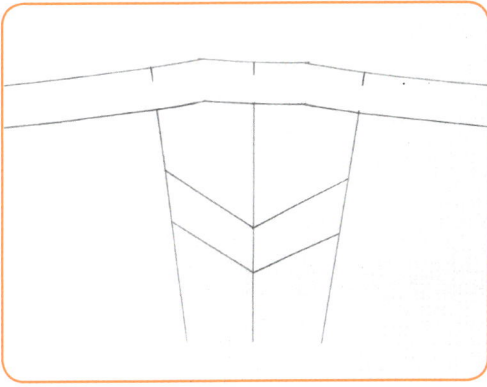

앞트임의 목둘레

※시접을 두 번 접어서 처리할 경우

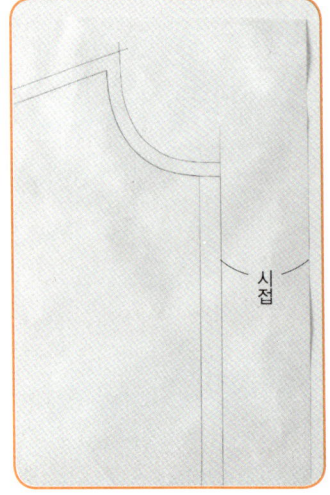

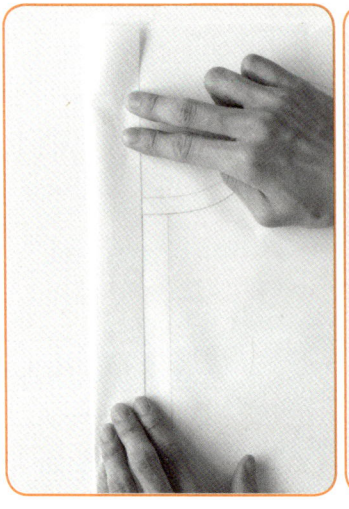

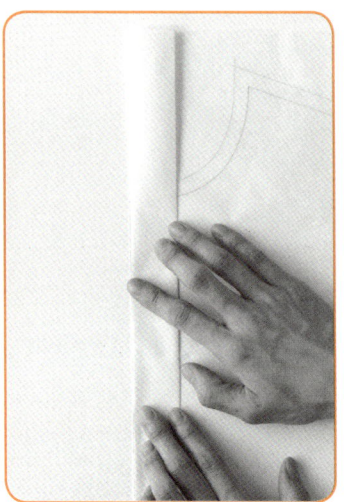

1 패턴 앞부분에 시접분을 넣고 자른다.

2 완성선에 맞추어 두 번 접는다.

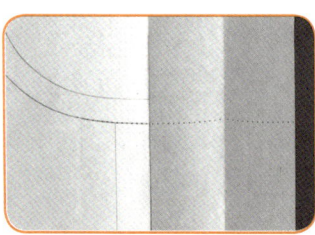

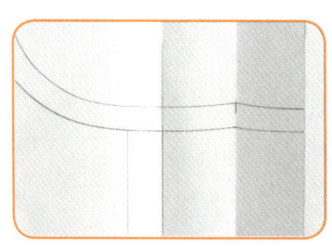

4 접었던 부분을 펼친다.

5 룰렛 자국을 따라 선을 그린 다음 그 선에 맞추어 시접폭을 평행하게 넣는다.

3 목둘레 부분을 룰렛으로 표시해 준다.

패널 라인의 진동둘레

꺾는 방법 때문에 시접이 부족한 경우가 있으므로 한 겹으로 만들 때는 특히 주의한다.
소맷부리나 밑단 등 둔각이 되는 접단도 마찬가지이다.

1 완성선에 평행하게 시접을 넣는다.

2 한쪽으로 모아 꺾어줄 진동둘레의 시접에 주의한다.

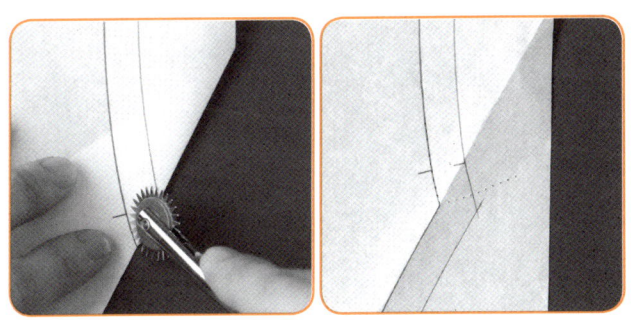

3 패널 라인의 시접을 접은 다음 룰렛으로 표시한다.

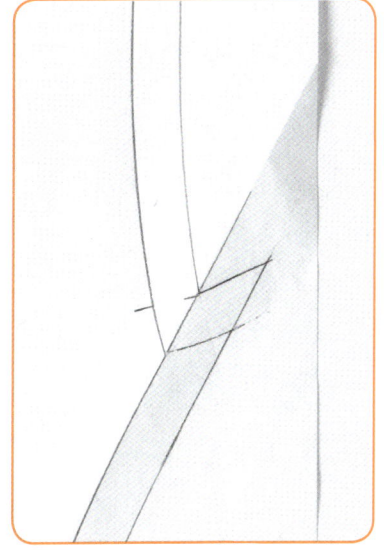

4 룰렛 자국을 따라 시접을 다시 넣는다.

패턴 자르기

시접을 다 넣은 다음에는 패턴을 자른다. 가위, 커터칼의 칼날은 종이에 수직으로 세워서 자른다.

가위로 자르기

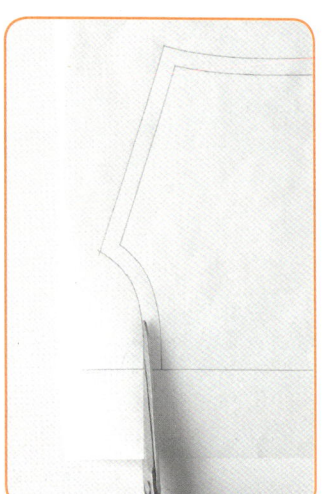

커터칼로 자르기

종이가위
종이를 자를 때 전용으로 사용하는 가위.
원단을 자르는 재단용 가위와는 구분하
여 사용한다.

Tip

골선

작은 패턴을 골선을 중심
으로 반으로 접어 재단할
때는 치수가 틀려지기 쉬
우므로 칼라 등은 미리 골
선 부분에서 한 번 접어서
자른 패턴을 만든다.

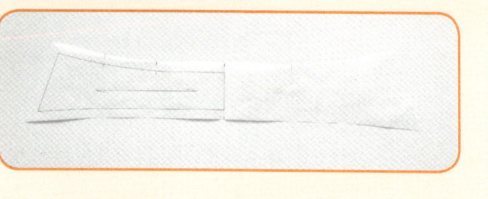

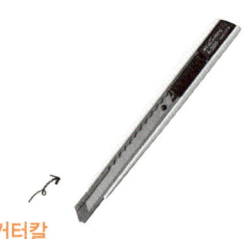

커터칼
종이 등을 자를 때 사용하는 칼. 칼날을
갈아 끼울 수 있어 편리하다.

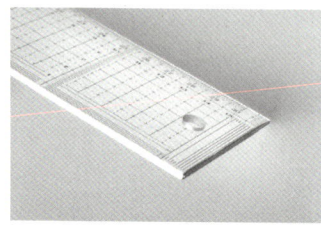

커팅자
커터칼로 작업할 때 함께 사용하면 칼날
이 닿는 단면에 스테인리스 판이 부착되
어 있어서 손이 다칠 위험이 없다.

시접을 넣을 때 있으면 편리한 '나만의 자'

자주 사용하는 시접폭의 선을 자에 그려 넣어서 '나만의 자'를 만든다.

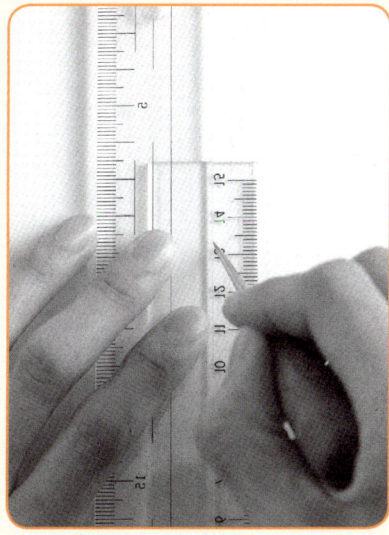

1 송곳을 이용하여 일반자의 뒷면에 가느 다란 홈을 만든다.

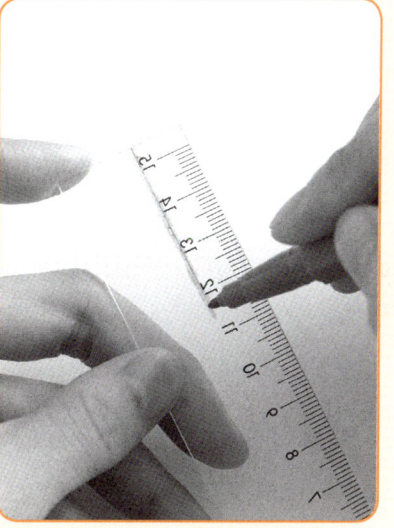

2 수성펜으로 홈에 색을 칠한다.

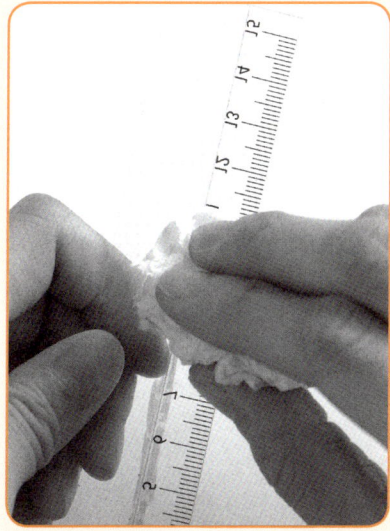

3 홈 밖으로 삐져나온 수성펜 자국은 닦아 낸다.

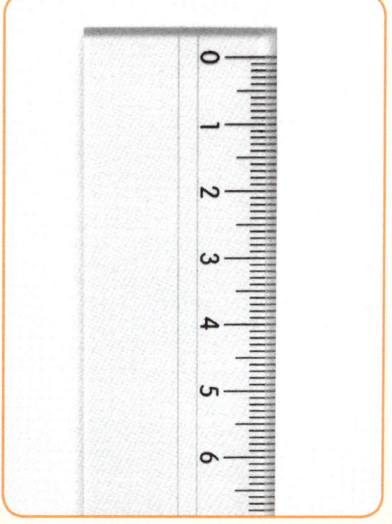

4 '나만의 자' 완성

재단이란 원단을 치수에 맞게 재거나 자르는 일을 말합니다.

정확하게 재단하는 것은 재봉 전의 중요한 준비 과정으로, 완성에도 큰 영향을 미칩니다.

사용할 원단에 따라 패턴 배치에도 주의하세요. 무늬가 있는 원단은 디자인의 즐거움을 느끼게 해준답니다.

깔끔하게 재단되면 재봉할 때도 기분이 좋아집니다.

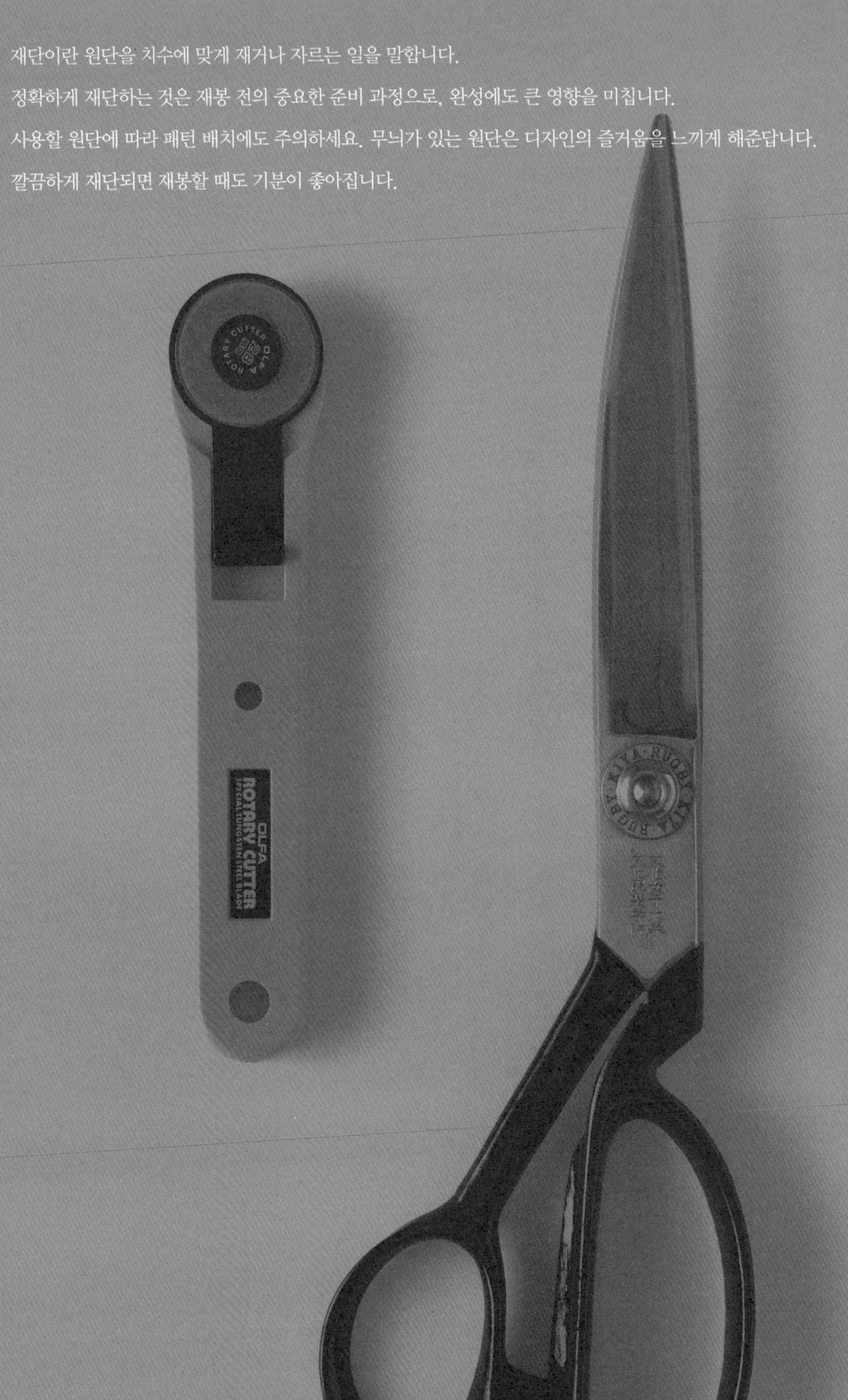

재단하기

Basic
Pattern &
Cutting

Basic

도구 재단에 필요한 편리한 도구들

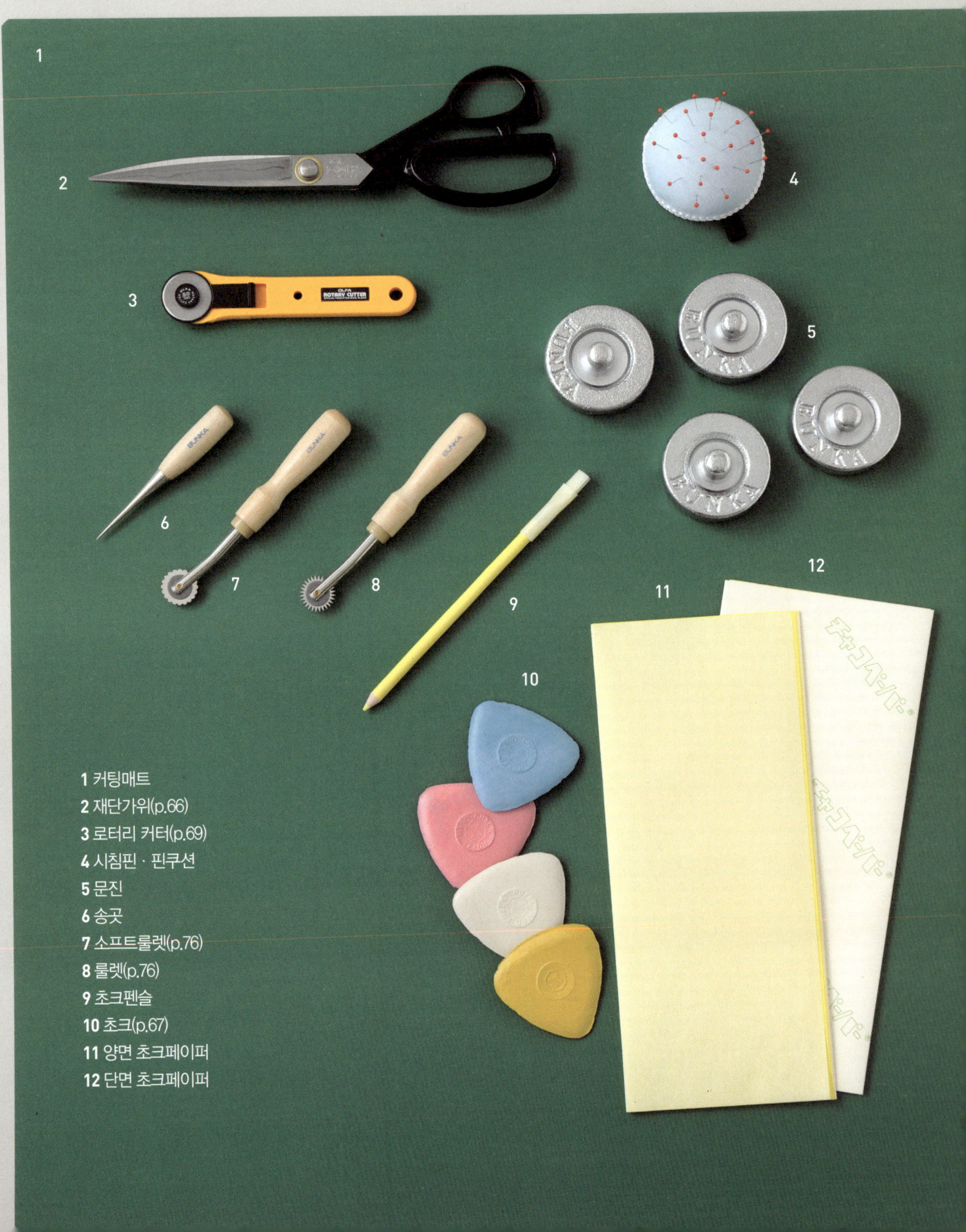

1

2

3

4

5

6

7

8

9

10

11

12

1 커팅매트

2 재단가위(p.66)

3 로터리 커터(p.69)

4 시침핀 · 핀쿠션

5 문진

6 송곳

7 소프트룰렛(p.76)

8 룰렛(p.76)

9 초크펜슬

10 초크(p.67)

11 양면 초크페이퍼

12 단면 초크페이퍼

원단 올 바로잡기

원단의 가로세로 올이 직각으로 교차되어 있지 않은 경우에는 재단하기 전에 원단의 올을 바로잡아둔다.
원단이 비뚤어진 상태에서 재단하게 되면 완성된 후에 형태가 변형될 수 있으므로 다리미로 가지런히 정돈해둔다.

I 식서 쪽으로 가로올 실이 비뚤어져 있는 상태

2 비뚤어진 쪽을 반대 방향으로 잡아당기면서 손으로 어느 정도 바로잡는다.

3 다림질을 해서 정돈한다.

4 식서 방향이 정돈된 상태

Basic
원단 겹치는 법

좌우대칭 패턴의 경우에는 원단을 겹쳐서 재단한다.

원단 맞대기

안끼리 맞대기
원단의 안과 안을 안쪽
으로 맞대어 겹치는 것

겉끼리 맞대기
원단의 겉과 겉을 안쪽
으로 맞대어 겹치는 것

원단 접어 겹치기

폭을 접어 겹치기
좌우의 식서를 맞춰서 둘로 접는다.

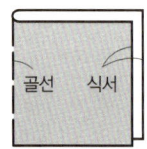

길이를 접어 겹치기
좌우의 식서를 각각 맞춰서 둘로 접는다.

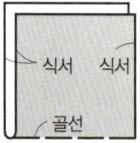

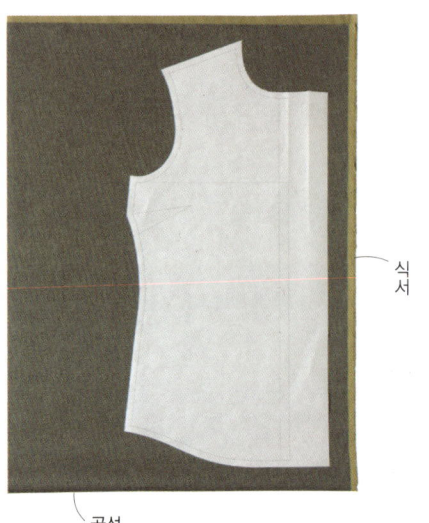

원단을 재단할 때는 주름이 잡히지 않도록 평평한 상태가 되도록 한다. 그리고 겹쳐서 재단할 때는
원단이 어긋나지 않도록 두 장을 똑같은 상태로 정돈한다. 특히 니트 원단의 경우에는 더욱 주의한다.

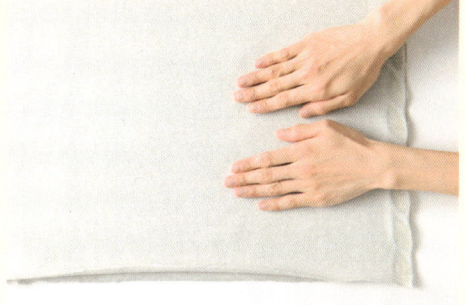

1 원단을 두 장으로 겹쳤을 때 주름이 생긴 모습

2 양손으로 눌러주며 평평하게 정돈한다.

3 정돈된 상태

원단을 누르지 않고 쓰다듬듯이 만질 경우의 문제점

위쪽의 원단만 평평하게 돼서 아래쪽 원단이 어긋나게 재단되는 경우가 있다.

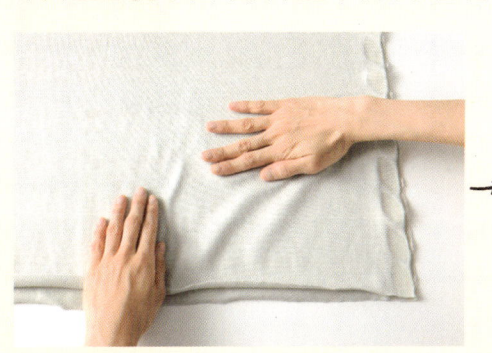

→

 *Basic*

패턴 배치하기

잘못 재단하거나 원단이 낭비되는 일이 없도록 재단하기 전에 패턴을 배치해서 확인한다.
사용할 원단의 폭을 알면 구입하기 전에 필요한 원단 소요량을 알 수 있다.

패턴 배치의 예

재단은 한 번 하고 나면 다시 고칠 수 없기 때문에 가위로 자르기 전에 반드시 원단 위에 패턴을 올려놓고 확인하도록 한다.

패턴의 위아래를 맞추어 재단하기

셔츠(한 장으로 재단하기)

원단을 펼치고 패턴의 위아래를 가지런히 맞추어 배치한다.

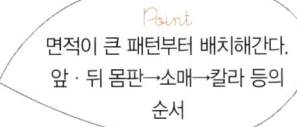

> **Point**
> 면적이 큰 패턴부터 배치해간다.
> 앞 · 뒤 몸판→소매→칼라 등의
> 순서

스커트(겹쳐서 재단하기)

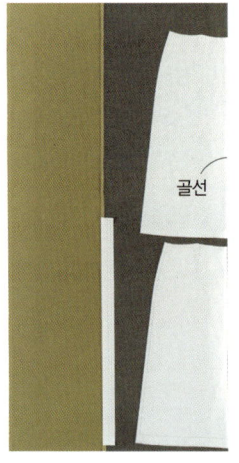

골선

패턴이 들어갈 폭만큼 접어
겹치고, 패턴의 위아래를 가
지런히 맞추어 배치한다.

팬츠(겹쳐서 재단하기)

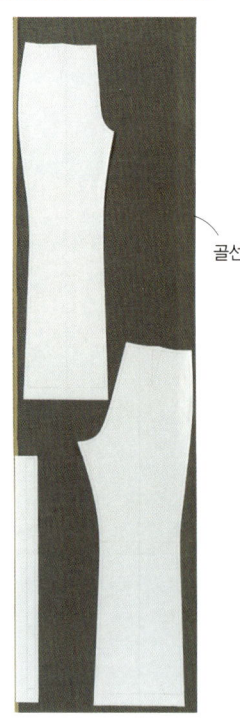

골선

원단 폭으로 접고 패턴
의 위아래를 가지런히
맞추어 배치한다.

패턴의 위아래를 맞추지 않고 재단하기(끼워 넣기)

※ 원단에 방향성이 없는 경우에 한한다.

셔츠(한 장으로 재단하기)

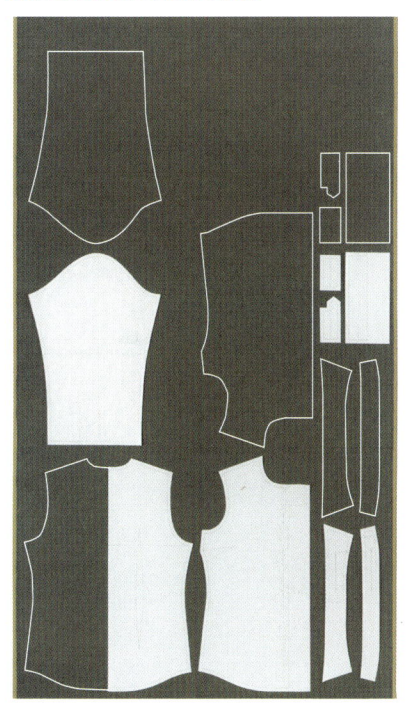

원단을 펼치고 패턴을 끼워 넣어 배치한다.

셔츠(겹쳐서 재단하기)

원단 폭으로 접고 패턴을
끼워 넣어 배치한다.

팬츠(겹쳐서 재단하기)

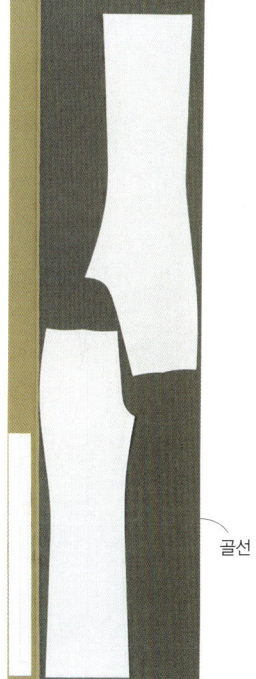

벨트분을 제외하여 접고
패턴을 끼워 넣어 배치한
다.

스커트(겹쳐서 재단하기)

벨트분을 제외하여 접고
패턴을 끼워 넣어 배치
한다.

원단의 무늬와 방향성

큰 무늬, 한 방향으로 난 무늬, 표면에 털의 결이나 광택이 있는 원단은 패턴의 위아래를 반드시 똑같은 방향으로 가지런히 맞추어 재단한다.

큰 무늬

무늬가 큰 경우에는 완성했을 때 무늬가 어긋나지 않도록 모양을 맞춰서 재단한다.

세로 줄무늬, 가로 줄무늬는 식서 방향이 비뚤어지면 눈에 띄므로 특히 주의한다.
한쪽으로 방향성이 있는 경우에는 끼워 넣기를 할 수 없다.

한쪽으로 방향성이 있는 스트라이프

무늬에 방향이 있는 보더

여러 가지 줄무늬가 모여서 무늬를 이루는 것도 있다.

큰 체크는 무늬가 어긋나면 눈에 띄므로 격자를 잘 맞춰서 재단한다.
무늬에 한쪽으로 방향성이 있는 경우에는 끼워 넣기를 할 수 없다.

한쪽으로 방향성이 있는 체크무늬

털이 있는 원단

털이 있는 원단은 광택이 있어서 그 방향에 따라 색이 달라 보이는 경우가 많으므로
패턴의 위아래를 동일하게 맞춰서 재단한다. 원단을 세로올 방향으로 쓰다듬어 봤을 때 부드러운 방향을 '누운 털',
거칠거칠한 느낌이 있는 방향을 '거꾸로 선 털'이라고 한다. 누운 털의 방향은 흐리게, 거꾸로 선 털의 방향은 진하게 보인다.

코듀로이

면벨벳

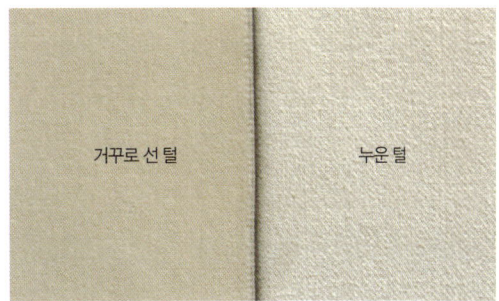

벨루어

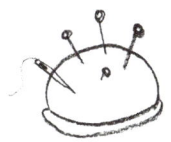

※셔츠는 앞판 옆에 다트가 있는 패턴을 사용한다.

무늬를 맞춰서 겹쳐 재단할 경우에는 주의가 필요하다. 자신이 없는 경우에는 한 장씩 재단한다.

큰 무늬

무늬가 큰 경우에는 눈에 띄므로 무늬가 나오는 위치를 고려하여 재단한다.

Point
무늬의 중심과 몸판의 중심선,
좌우 무늬를 맞춘다.

좌우에 같은 무늬가 나오도록 무늬의 중심을 골선으로 하여 원단을 둘로 접는다. 겉 칼라 패턴은 양쪽 끝부분에 같은 무늬가 나오도록 가로올 방향으로 배치한다.

원단 폭에 맞춰 반으로 접었기 때문에 좌우 무늬가 맞지 않는다. 칼라 양쪽 끝부분의 무늬가 다르다.

몸판의 중심과
무늬의 중심이 맞는다.

몸판의 중심과 무늬의
중심이 어긋나 있다.

좌우 무늬가 같다.

좌우 무늬 위치가 다르다.

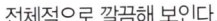

전체적으로 깔끔해 보인다.

무늬 위치에 통일성이 없고
무늬가 흐트러져 있다.

체크무늬

큰 체크는 옆선 등 재봉했을 때 무늬 높이가 달라지지 않도록 무늬를 맞추어 재단한다. 뚜렷한 배색의 무늬는 디자인을 돋보이게 할 수 있다.

Point
체크의 중심과 몸판의 중심선,
재봉할 위치의 무늬를
가지런히 맞춘다.

O

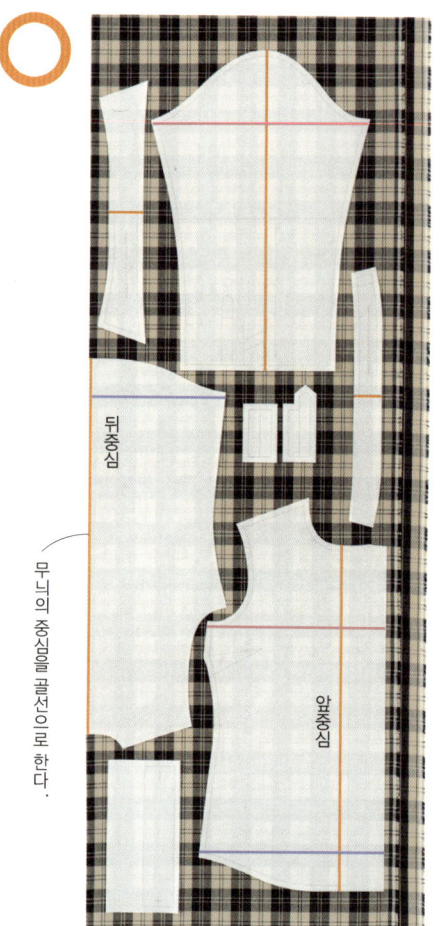

무늬의 중심을 골선으로 한다.

뒤중심

앞중심

X

골선

좌우에 같은 체크가 나오도록 무늬의 중심을 골선으로 하여 원단을 둘로 접는다. 세로 무늬의 중심과 몸판의 중심선을 맞춘 다음 앞뒤 몸판과 소매의 가로무늬를 맞춘다. 앞판 옆에 다트가 있으므로 가로무늬는 옆선의 밑단에서 무늬를 맞춘다.

둘로 접은 골선 부분이 무늬의 중심과 어긋나 있기 때문에 뒤중심의 무늬가 어긋나서 좌우 무늬가 가지런하지 않다.

Tip

옆선에 다트가 없는 경우에는 소매 밑부분에서 가로무늬를 맞춘다.

몸판의 중심과 무늬의
중심이 맞으며 좌우 무
늬가 가지런히 맞춰져
있다.

몸판의 중심과 무늬의
중심이 어긋나 있고 앞
판의 좌우 무늬도 맞지
않는다.

강한 색의 시각효과로
허리 위치가 높아 보이
고 칼라 부근도 깔끔해
보인다.

전체적으로 흐트러져 있
어서 정돈된 느낌이 들
지 않는다.

좌우 커프스의 무늬 위
치가 가지런히 맞춰져
있다.

좌우 커프스의 무늬 위
치가 다르다.

앞다트 밑에서부터 이
어진 옆선의 앞판과 뒤
판의 무늬가 가지런히
맞춰져 있다.

앞다트 밑에서부터 이어
진 옆선의 앞판과 뒤판
의 무늬가 어긋나 있다.

한쪽으로 방향성이 있는 스트라이프

줄무늬가 한 방향으로 배열되어 있는 스트라이프는 패턴의 위아래를 가지런히 맞춰서 재단한다.
패턴을 끼워 넣으면 방향이 바뀌어 버린다.

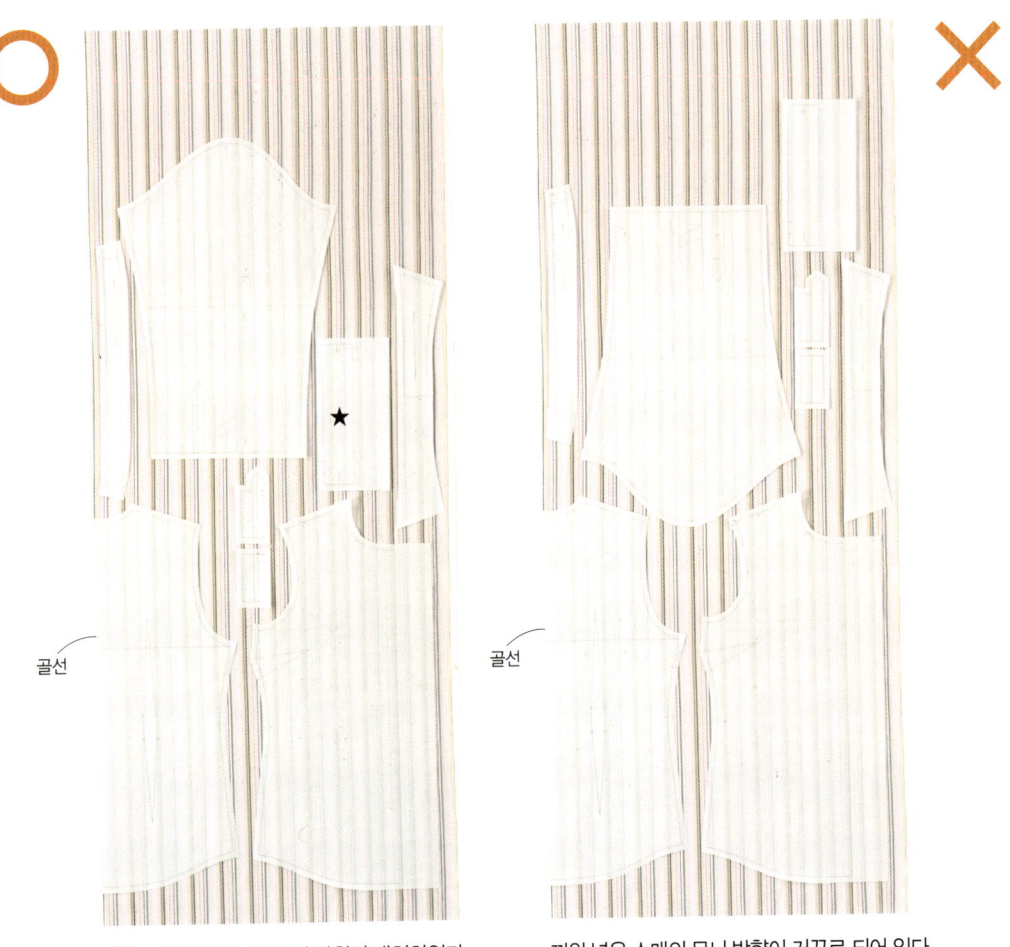

패턴의 위아래를 가지런히 맞춰서 배치하였다.

끼워 넣은 소매의 무늬 방향이 거꾸로 되어 있다.

★ 커프스는 겹쳐서 재단하지 않고 좌우 커프스
의 무늬 위치를 맞춰서 한 장씩 재단한다.

좌우 커프스의 무늬 위
치가 동일하다.

좌우 커프스의 무늬 위
치가 다르다.

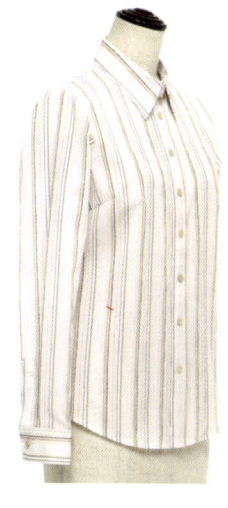

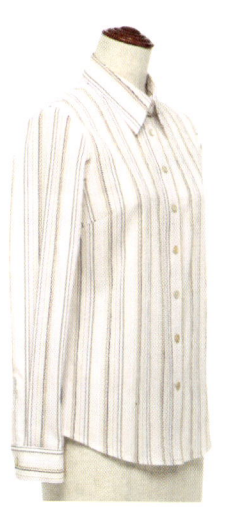

몸판과 소매의 무늬 방향이
가지런히 맞춰져 있다.

몸판과 소매의 무늬 방
향이 다르다.

한쪽으로 방향성이 있는 체크무늬

무늬에 방향이 있는 체크는 패턴의 위아래를 가지런히 맞춰서 재단한다.
재봉할 위치의 무늬를 맞추면 깔끔한 인상을 준다.
또한 원단의 앞뒤를 구분하기 어려운 경우도 있으므로 재봉할 때 틀리지 않도록 주의한다.

골선

골선

패턴의 위아래가 가지런하고 재봉할 위치에서 무늬가 이어지도록 맞춰서 배치하였다.

원단 소요량을 줄이기 위해서 끼워 넣은 뒤판 스커트의 무늬 방향이 거꾸로 되어 있다.

무늬의 방향이 가지런히 맞춰져 있어서 절개 위치의 무늬도 맞는다.

중간 피스를 거꾸로 재봉해버려서 무늬 방향이 다르게 되어 있다.

앞뒤의 무늬도 가지런히 맞춰져 있다.

앞뒤의 무늬 방향이 제각각인데다가 무늬도 맞지 않는다.

면벨벳

털이 있는 원단은 털을 한 쪽 방향으로 통일시킨다.
면벨벳은 거꾸로 선 털 방향으로 재단하는 경우가 많다.

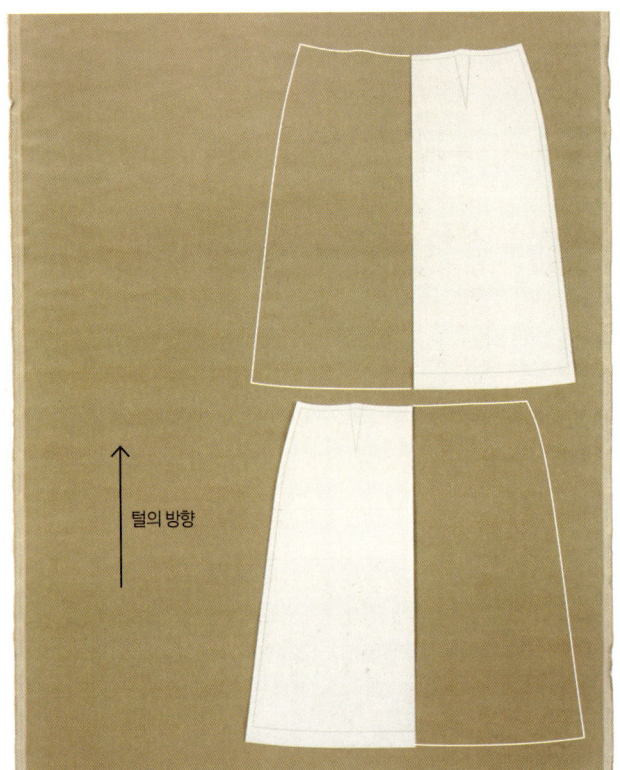

털의 방향

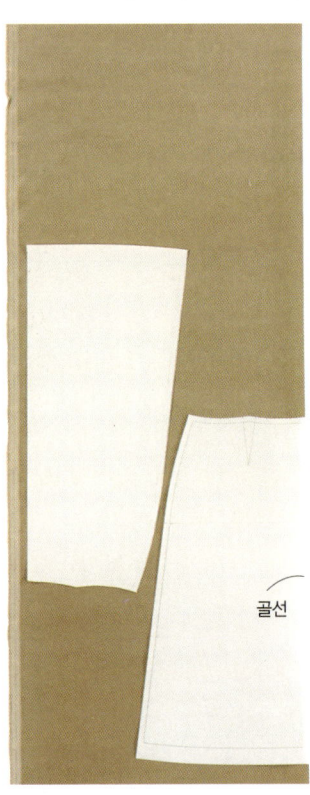

골선

패턴을 같은 방향으로 배치한 다음 한 장씩 재단한다.

뒤중심에 이음매를 만들어 패턴을 끼워 넣으면 원단 소요량은 줄어들지만 앞뒤 털의 방향이 어긋나게 된다.

앞뒤의 털이 가지런히
맞춰져 있다.

앞쪽은 털이 거꾸로 선
반면에 뒤쪽은 누워있
다. 앞뒤 털의 방향이
거꾸로 되어 있어서 컬
러마저 다르게 보인다.

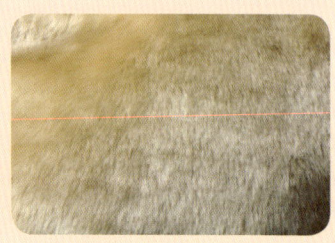

Tip

털이 긴 원단을 재단할 경우

털이 긴 인조모피 등은 패턴의 위아래를
가지런히 맞추는 것뿐만 아니라 재단에도 주의해야 한다.
특히 털을 자르지 않도록 바탕 원단만을 재단하도록 하자.

1 안쪽에 재단선을 표시한다.

2 가위 끝부분을 이용하여 살짝 띄우듯이 해서 바탕
원단만을 잘라나간다.

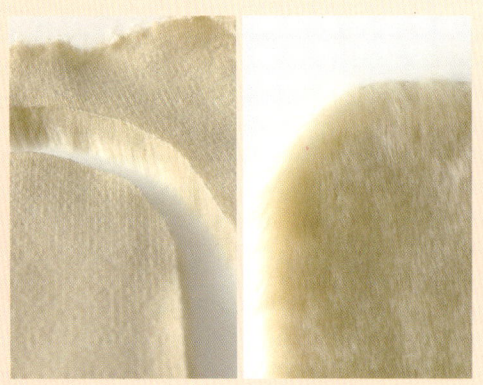

3 재단이 끝난 후 남은 부스러기가 적고 털도 깔끔해
보인다.

털까지 함께 잘라버릴 경우 ✕

재단하고 남은 부스러기도 많고 자른 부분의 털이 듬성듬성
빠져 있다.

안쪽이 기모로 된 원단을 재단할 경우

원단 안쪽 면에 털이 있는 스웨트 원단 등도 패턴의 위아래를 가지런히 맞춰서 재단하도록 한다.
이것이 착용감과 연관되는 보이지 않는 포인트이다.

안쪽의 기모 파일(Pile, 직물 표면에 나와 있는 고리 모양)에도
방향성이 있다.

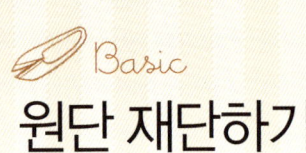

원단 재단하기

시접이 포함된 패턴을 사용해서 재단한다.

재단가위로 재단하기

패턴을 시침핀으로 고정시켜 재단하기

Point
시침핀으로 고정시킬 수 있는 두께의 원단에 사용하는 방법으로 두꺼운 원단을 재단할 때는 적합하지 않다.

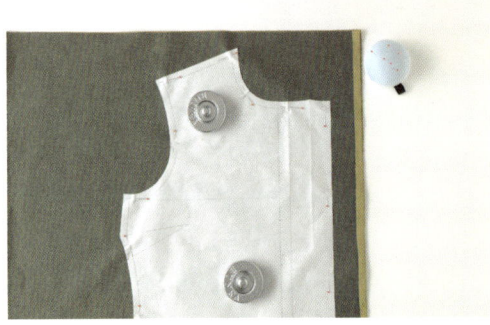

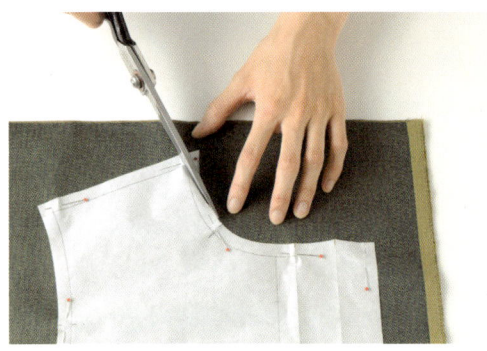

1 원단과 패턴의 식서 방향을 맞추고 시침핀으로 고정한다.

2 패턴의 가장자리를 재단가위로 잘라나간다.

3 재단가위는 작업대에서 떨어지지 않도록 사용하여 가급적 원단이 뜨지 않도록 한다.

재단가위
원단을 재단할 때 사용하는 가위. 일반적으로 22~24cm의 크기를 사용하며, 종이를 자르는 가위와는 구분하여 사용한다. 종이를 자르는 용도로 사용하면 날이 무디어져서 원단이 깔끔하게 재단되지 않는다.

재단선을 표시하여 재단하기

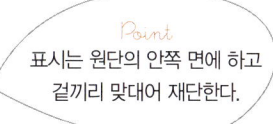
Point
표시는 원단의 안쪽 면에 하고
겉끼리 맞대어 재단한다.

두꺼운 원단 등에 시침핀으로 패턴을 고정하면 패턴이 떠 버려서 평평한 상태를 유지할 수 없는 경우가 있다. 그런 경우에는 먼저 재단선을 표시한 다음 패턴을 빼내고 재단한다.

1 패턴과 원단의 식서 방향을 맞춰서 문진으로 고정한 다음 재단선을 초크로 표시한다.

2 맞춤 표시 등 필요한 부분을 모두 표시하고 난 뒤에 패턴을 빼낸다.

3 원단이 어긋나지 않도록 재단선 가까이에 시침핀을 꽂아 고정한 다음 가위로 잘라나간다.

4 선의 안쪽에 가윗날을 대고 표시선이 잘려나가도록 자른다.

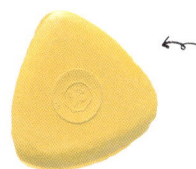

← **초크**
원단의 재단선을 표시할
때 사용하는 분필

로터리 커터로 재단하기

로터리 커터로 재단하면 가위를 사용할 때처럼 원단이 뜨는 일이 없기 때문에 깔끔하고 정확하게 재단할 수 있다.

1 패턴과 원단의 식서 방향을 맞춘다.

2 패턴이 움직이지 않도록 문진을 올려놓는다. 직선은 자를 대고 자르면 깔끔하게 재단된다.

3 곡선은 조금씩 패턴의 가장자리를 따라 잘라나간다.

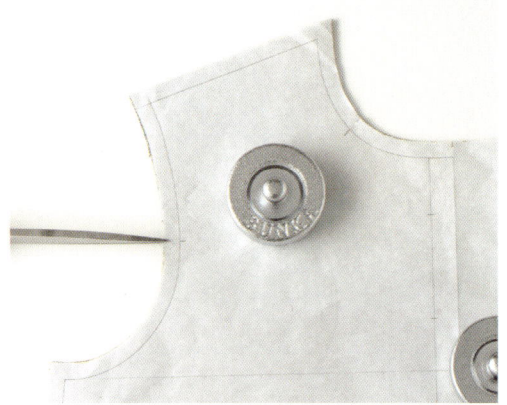

4 맞춤 표시에는 노치를 넣는다.

노치(Notch)
시접에 넣는 작은 가위
집(0.3~0.4cm 정도)

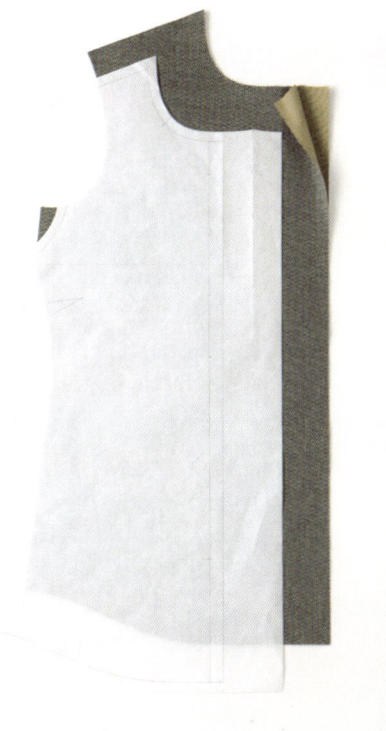

로터리 커터 & 리필용 칼날
작은 반경으로 회전이 가능한 직경 28mm 원형 칼날이 장착된 커터로, 칼날이 회전하면서 원단을 재단한다. 원단이나 종이를 비롯하여 얇은 고무 시트, 필름 등 자르기 힘든 소재도 자유자재로 자를 수 있다.

5 완성된 모습

 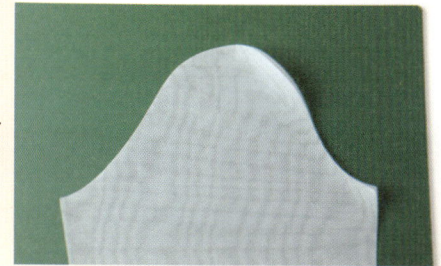

Tip

이럴 때 사용해보자!

로터리 커터는 재단할 때 원단이 뜨지 않기 때문에 특히 얇은 원단(오건디, 시폰, 안감 등)을 겹쳐서 재단할 때 유용하다.

패턴이 움직이지 않도록 문진으로 누른 후 자른다.

어긋난 곳 없이 같은 치수로 깔끔하게 재단할 수 있다.

접착심 재단하기

열접착심은 재단하고 나서 붙이는 경우와 붙이고 나서 재단하는 경우가 있다.

부분접착심지

심지 패턴 만들어 재단하기

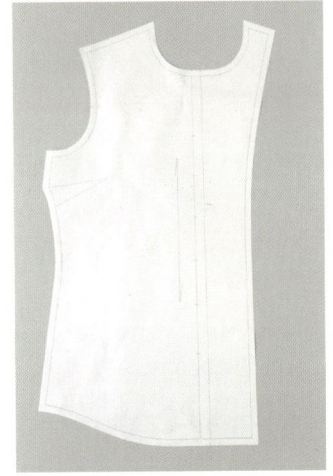

1 부분접착심지를 붙일 앞판 패턴

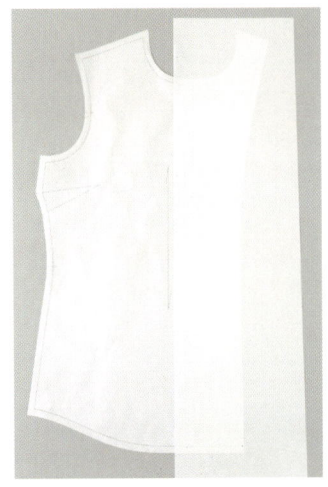

2 심지를 붙일 위치를 확인한 다음 부직포 패턴지를 겹쳐서 패턴을 베낀다.

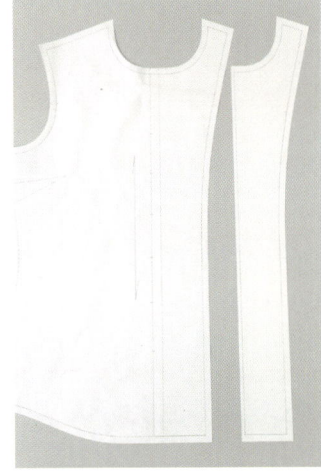

3 심지 패턴을 만든다.

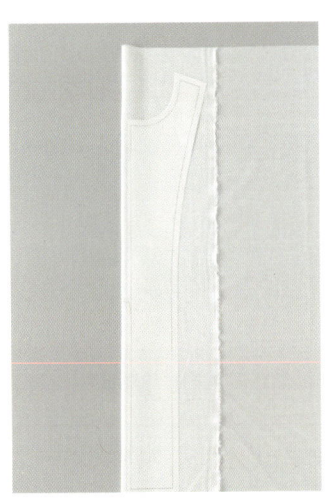

4 심지와 패턴의 식서 방향을 맞춰서 재단한다.

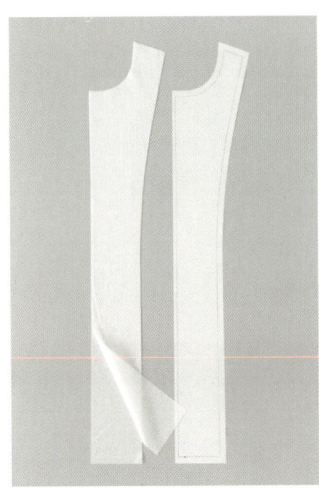

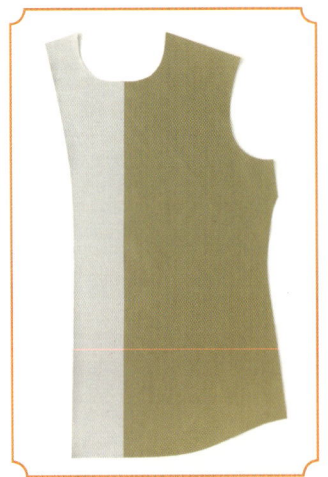

겉감 안쪽에 부분접착심지를 붙인 모습

겉감(몸판) 패턴을 사용하여 재단하기

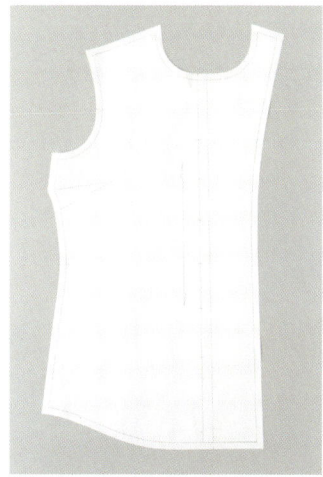

1 앞판의 패턴에서 부분접착심지
의 위치를 확인한다.

2 부분접착심지가 들어갈 폭으로
겹친 심지 위에 앞판의 패턴을 올려
놓는다.

3 패턴 안쪽의 부분접착심지 위치
를 초크페이퍼로 표시한다.

4 바깥쪽의 재단선을 초크로 표시
한다.

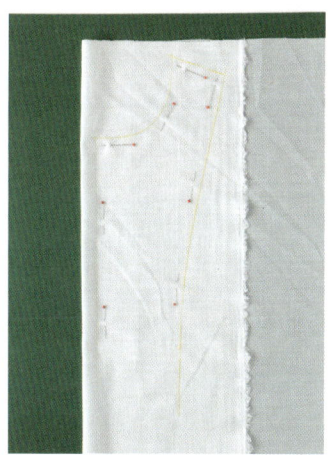

5 어긋나지 않도록 시침핀으로 고
정한 뒤에 재단한다.

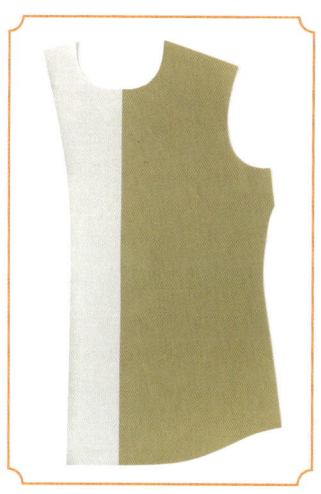

겉감 안쪽에 부분접착심지를 붙인 모습

전면접착심지

겉감과 접착심 각각 재단하기

겉감과 똑같은 패턴으로 심지도 재단한다.

| 똑같은 패턴으로 겉감과 접착심을 각각 재단한다.

2 겉감의 안쪽 면에 접착심을 붙인다.

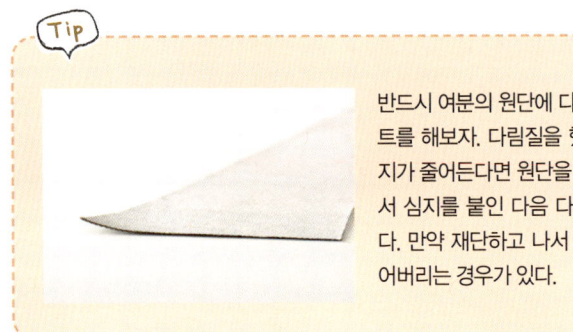

Tip

반드시 여분의 원단에 다림질 테스트를 해보자. 다림질을 했을 때 심지가 줄어든다면 원단을 대충 잘라서 심지를 붙인 다음 다시 재단한다. 만약 재단하고 나서 붙이면 휘어버리는 경우가 있다.

겉감과 접착심을 대충 잘라서
심지를 붙인 다음 다시 재단하기

1 겉감과 접착심을 각각 대충 자른다.

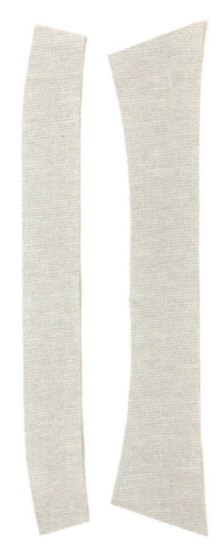

2 겉감의 안쪽 면에 접착심을
붙이고 나서 패턴을 올려놓는다.

3 패턴대로 재단한다.

Basic
표시하기

패턴 안쪽에 있는 내부선을 표시한다. 초크페이퍼 등을 사용할 때는 기본적으로 안쪽 면에 표시한다.

주머니 위치

원단 안쪽 면에 표시하기

1 원단을 안끼리 맞댄 다음 양면 초크페이퍼를 사이에 끼운다.

2 표시하고 싶은 선을 룰렛으로 베낀다.

3 원단 안쪽 면에 주머니 위치가 표시된 상태

원단 겉면에 표시하기

Point
완성되었을 때 안 보이게
되는 위치에 표시한다.

1 원단을 겉끼리 맞댄 다음 양면
초크페이퍼를 사이에 끼운다.

2 실제로 재봉할 위치의 안쪽에 표시를 한다.

3 원단 겉면의 주머니 위치 안쪽에 표시된 상태

원단 안쪽 면에 표시하기

2 룰렛으로 표시한다.

│ 원단을 안끼리 맞댄 다음 양면 초크페이퍼를 사이에 끼운다.

3 다트선의 끝부분에는 노치를 넣는다.

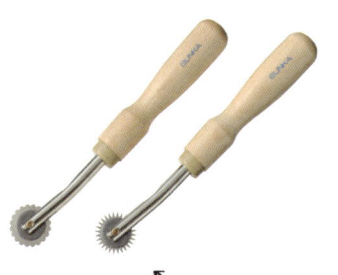

룰렛
패턴을 베낄 경우나 원단의 양면에 표시할 때 사용하는 도구로 원단에 표시할 때는 보통 초크페이퍼와 함께 사용한다.

소프트룰렛

원단이 잘 상하지 않게 표시할 수 있는 도구. 얇은 원단이나 초크페이퍼를 사용하지 않고 표시할 때 사용한다.

룰렛

소프트룰렛보다 뾰족하게 표시할 수 있다. 얇은 원단이나 섬세한 원단의 경우에는 여분의 원단에 테스트를 해본 후 사용한다.

초크페이퍼를 사용하지 않고 표시하기

얇은 원단이나 흰색 원단일 때 초크 등으로 표시를 하고 싶지 않은 경우

1 룰렛으로 표시한다.

2 다트 끝점은 송곳으로 표시한다.

3 다트 끝점에만 초크펜슬로 점을 찍어두면 알아보기 쉽다.

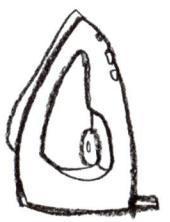

✚ 시접 없는 패턴으로 재단하기

시접이 그려져 있지 않은 완성 패턴을 사용할 때는 원단에 시접분을 표시하여 재단한다.

2 완성선에서부터 필요한 시접폭만큼 떨어진 곳에 재단선을 표시한다.

| 원단과 패턴의 식서 방향을 맞추고 움직이지 않도록 문진을 올려놓는다.

3 맞춤 표시도 표시해둔다.

4 원단이 어긋나지 않도록 시침 핀으로 단단히 고정시킨 다음 가위로 자른다.

5 완성된 모습

✚ 완성선을 표시하고 싶을 때 ※ 초크페이퍼로 표시하는 것 이외의 방법

실표뜨기

시침실을 사용하여 표시를 해나간다.

위쪽   아래쪽

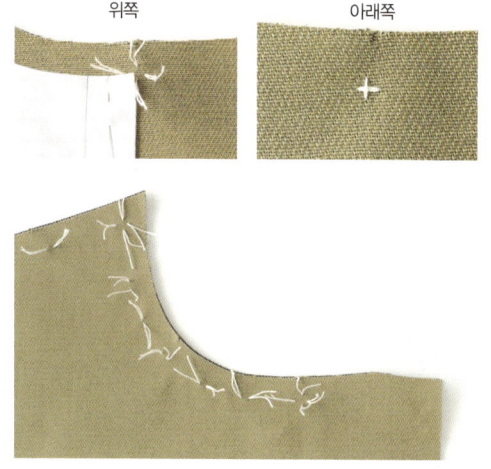

1 시침실 두 가닥으로 표시하고 싶은 부분에 간격을 두면서 실표뜨기를 해준다.

2 모서리 부분은 실이 십자 모양이 되도록 교차시키고 곡선은 촘촘하게 시침한다.

3 실이 빠지지 않도록 위쪽 원단을 살짝 들어서 사이에 있는 실을 자른다.

✚ 셀비지 부분이 포함되어 있을 때

셀비지 부분에 가위집을 넣어서 원단을 안정시키고 난 뒤에 재단한다.

셀비지 부분이 포함되어 있는 상태

셀비지 부분에 1~1.5cm 정도 간격으로 1cm 이내의 가위집을 넣어준다.

가위집을 넣으면 원단이 안정된다.

✚ 체크무늬 원단을 두 장으로 겹쳐서 재단할 때

무늬가 어긋나지 않도록 몇 무늬 걸러 시침질로 고정해두면 좋다.

시침질

시침질

위쪽

아래쪽

안쪽

실물 크기 패턴 중에 원하는 사이즈가 없거나
사이즈를 약간만 바꾸고 싶은 경우에는
재단 전에 미리 패턴을 보정하도록 합니다.
디자인과 균형을 무너뜨리지 않는 범위 내에서 보정해주세요.
일반 바느질 서적에 부록으로 들어 있는 패턴을 수정해서 자신만의 패턴을 갖는 것도
직접 옷을 만들 때만 느낄 수 있는 기쁨이랍니다.

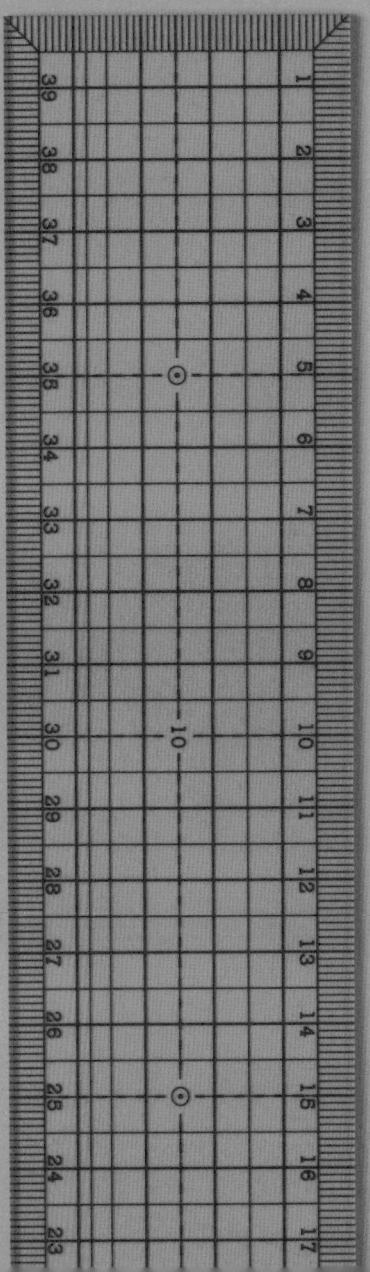

패턴 보정하기

Basic
Pattern &
Cutting

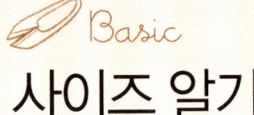

사이즈 알기

신장에 따라 길이를 조절하는 경우에 이 표준치수도 함께 고려하여 조절하면 균형 있게 보정할 수 있다.
보다 자세한 사항은 'www.standard.go.kr/국가표준/한국산업표준(ks)/섬유/피복/성인 여성복의 치수'를 참고하기 바란다.

정장 상의, 원피스의 호칭 및 신체 치수(보통 체형)(단위: cm)

호칭	기본 신체 치수			참고 신체 치수			
	가슴둘레	엉덩이둘레	키	허리둘레	등길이	어깨 사이 길이	팔길이
82-88-150	82	88	150	69.5	37.4	37.6	50.4
79-85-155	79	85	155	66.1	37.2	38.1	51.5
82-88-155	82	88	155	67.8	37.5	38.7	51.5
82-91-155	82	91	155	69.1	37.3	38.9	51.6
85-88-155	85	88	155	70.5	38.0	39.3	51.6
85-91-155	85	91	155	70.9	37.6	39.4	51.9
88-91-155	88	91	155	73.3	39.8	39.6	52.3
88-94-155	88	94	155	74.5	38.0	39.8	52.2
79-85-160	79	85	160	64.6	37.7	39.2	53.0
79-88-160	79	88	160	64.7	37.8	39.0	52.6
82-88-160	82	88	160	67.0	38.4	39.8	53.6
82-91-160	82	91	160	68.0	38.0	38.7	53.7
85-91-160	85	91	160	70.0	38.5	39.5	53.2
88-94-160	88	94	160	72.6	38.4	39.7	54.1
91-94-160	91	94	160	76.9	38.5	40.5	53.6
91-97-160	91	97	160	80.3	39.0	40.5	53.7
82-88-165	82	88	165	66.9	39.3	39.4	54.9
82-91-165	82	91	165	69.6	39.9	40.4	54.8
85-91-165	85	91	165	69.1	39.9	40.7	54.5
88-94-165	88	94	165	72.2	39.7	41.0	54.8

*피트성이 필요하지 않은 캐주얼 원피스는 제외함.

길이 보정하기

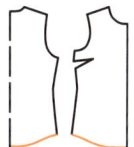

옷 길이 조절하기

밑단선에서 옷 길이 보정하기

밑단 라인을 바꾸지 않고 옷 길이를 조절할
경우 조절하려는 치수를 밑단선에 평행하게
증감한다.

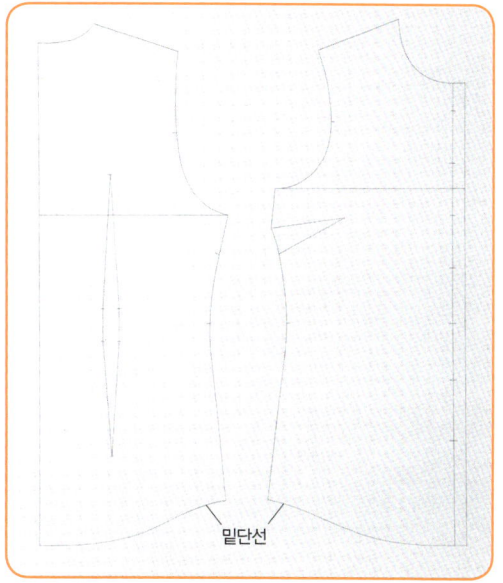

밑단선

옷 길이를 길게 할 경우

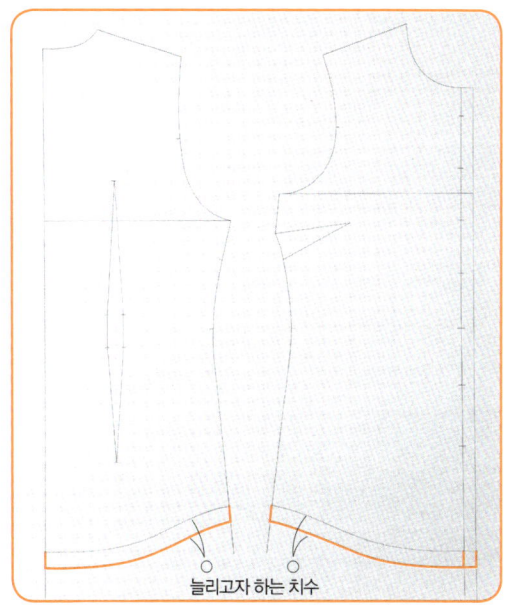

늘리고자 하는 치수

앞단선과 중심선, 옆선은 연장선을 그리고, 늘리고자 하는 치
수를 밑단선에 평행하게 그려준다.

옷 길이를 짧게 할 경우

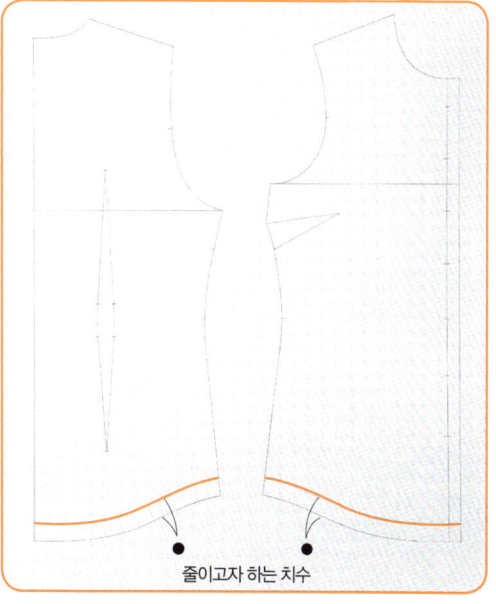

줄이고자 하는 치수

줄이고자 하는 치수를 밑단선에 평행하게 자른다.

옷 길이의 중간에서 보정하기

키에 맞춰 길이를 조절할 때는 밑단선과 옷 길이의 중간에서 분산하여 증감한다.
조절하려는 치수 중에 1cm 정도를 중간에서 패턴을 잘라 벌려서 보정한다(옷 길이의 보정).
허리에 시보리가 있는 디자인은 균형 있게 보정할 수 있다.

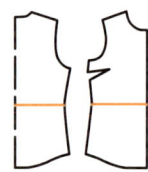

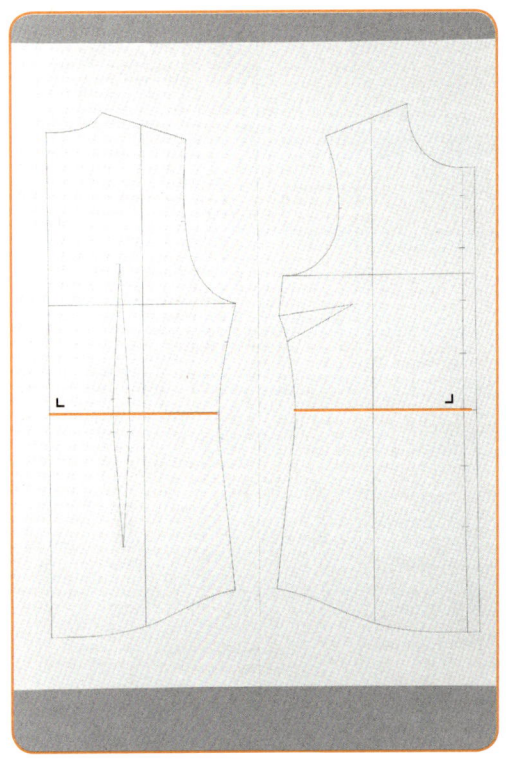

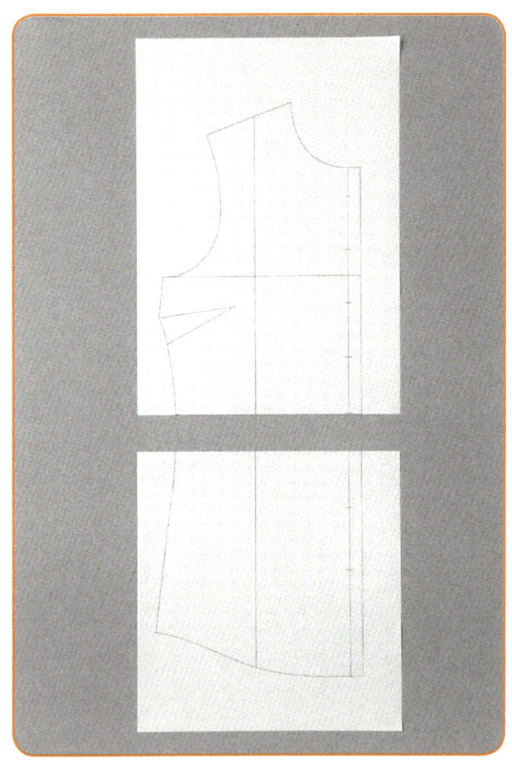

| 패턴의 허리선이나 맞춤 표시나 잘록한 부근을 기준으로 앞뒤 똑같은 위치에서 올 방향에 수직인 선을 그려준다.

2 패턴을 잘라 벌려준다.

패턴을 이어 붙일 경우

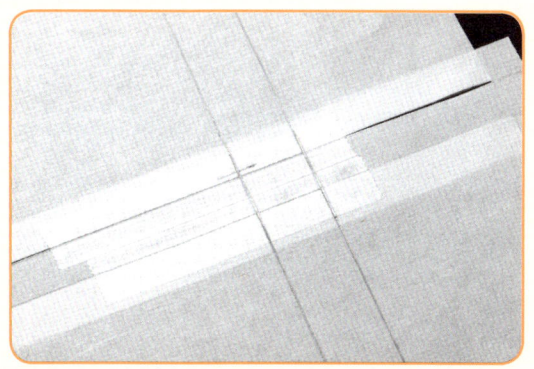

멘딩테이프

패턴을 잘라서 벌렸을 때는 사이에 평행선을 그린 종이를 끼운 다음 멘딩테이프로 각각을 이어 붙여준다. 그래야 종이가 비뚤어지지 않고 테이프 위에 선도 그을 수 있다.

광택을 없앤 셀로판테이프. 문자 위에 붙이면 테이프 위에 글자를 써넣을 수 있기 때문에 수정용 테이프로도 사용할 수 있다.

키가 커서 옷 길이를 길게 할 경우

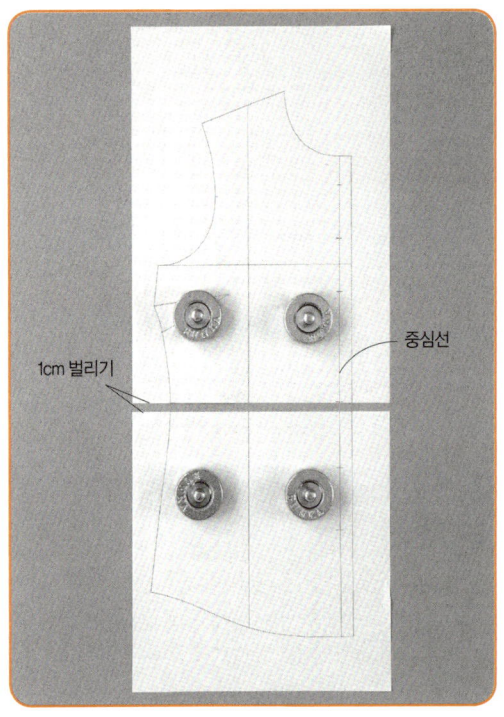

1cm 벌리기

중심선

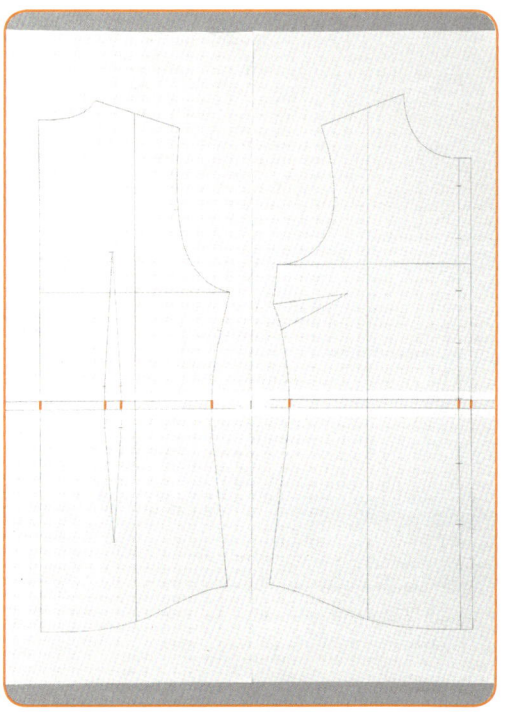

3 중심선이 어긋나지 않도록 늘리고자 하는 길이 중에 1cm를 중간에서 벌려준다.

4 벌려준 만큼의 패턴을 더한 다음 옆선이 자연스럽게 이어지도록 다시 그린다. 앞, 뒤 모두 동일하게 조절하고 나머지 치수분은 밑단선에서 보정한다.

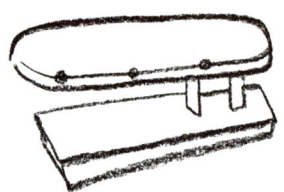

키가 작아서 옷 길이를 짧게 할 경우

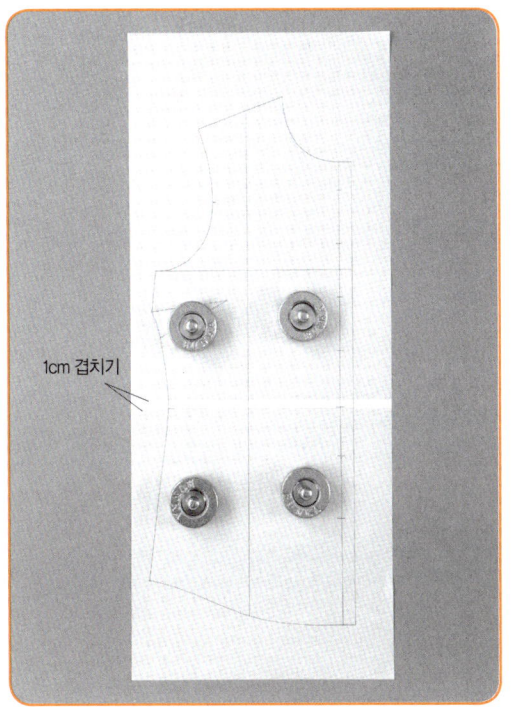

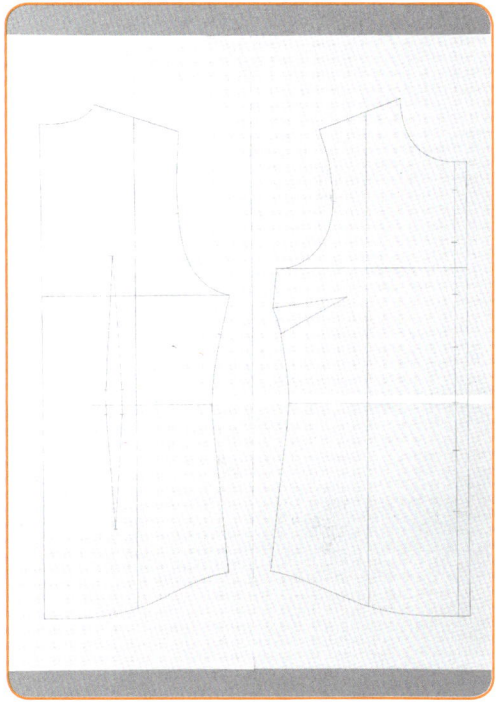

3 중심선이 어긋나지 않도록 줄이고자 하는 길이 중에 1cm를 중간에서 겹쳐서 고정해준다.

4 옆선은 자연스럽게 이어지도록 다시 그린다. 앞, 뒤 모두 동일하게 조절하고 나머지 치수분은 밑단선에서 보정한다.

소매 길이 조절하기

소맷부리선에서 소매 길이 보정하기

소맷부리선에 평행하게 조절하려는 치수를 증감한다.

기본 패턴

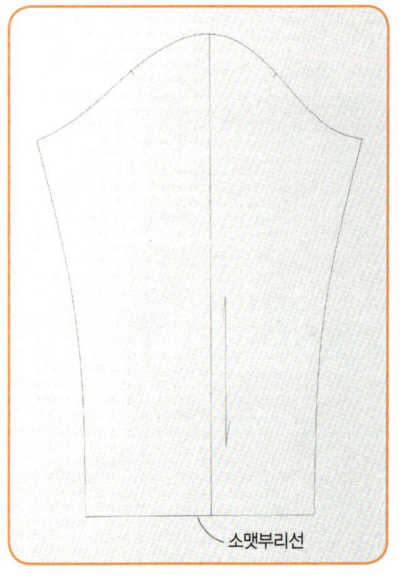

소맷부리선

소매 길이를 길게 할 경우

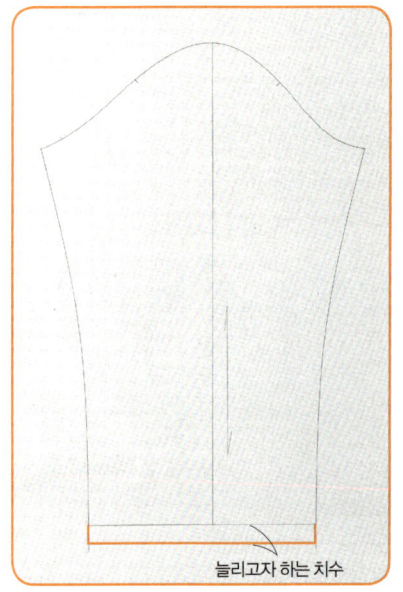

늘리고자 하는 치수

소매밑선은 연장선을 그리고 늘리고자 하는 치
수를 소맷부리선에 평행하게 그려준다.

소매 길이를 짧게 할 경우

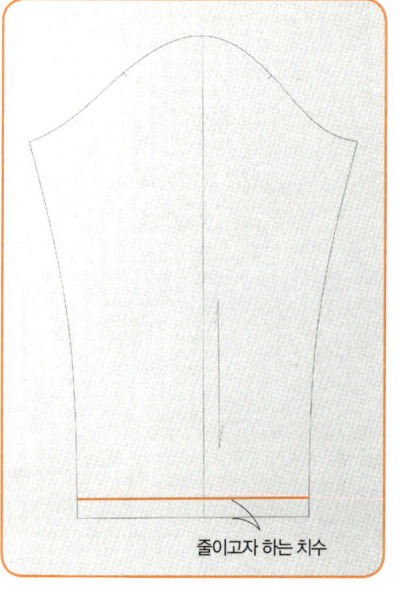

줄이고자 하는 치수

줄이고자 하는 치수를 소맷부리선에 평행하게
자른다.

소매 길이 중간에서 보정하기

소맷부리 치수를 바꾸고 싶지 않을 때나 소맷부리에 턱이나 개더, 트임이 있을 때는
소매 길이의 중간을 잘라 벌려줘서 조절하려는 치수를 증감한다.

기본 패턴

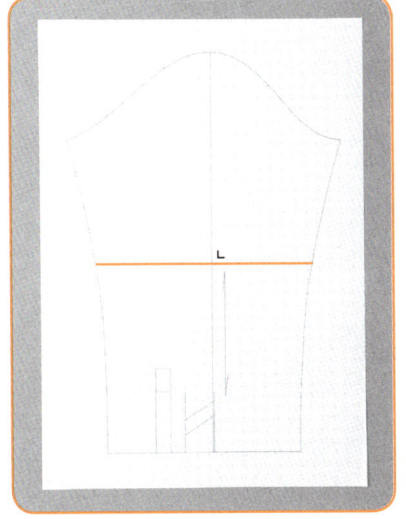

1 EL(팔꿈치선) 또는 소매 길이의 중간쯤
에 올 방향에 수직인 선을 그린다.

2 패턴을 잘라 벌려준다.

소매 길이를 길게 할 경우

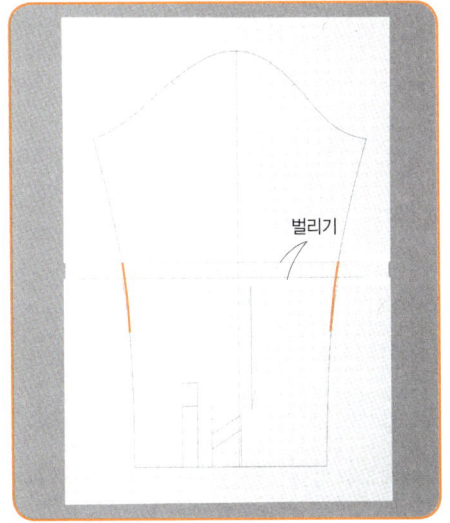

벌리기

중심선이 어긋나지 않도록 늘리고자 하는 치수를 그
리고 패턴을 더한다. 소매밑선은 자연스럽게 이어지
도록 다시 그린다.

소매 길이를 짧게 할 경우

겹치기

중심선이 어긋나지 않도록 줄이고자 하는 치수를 겹
쳐서 고정해준 다음 소매밑선은 자연스럽게 이어지
도록 다시 그린다.

스커트 길이 조절하기

밑단선에서 스커트 길이 보정하기

스커트 길이의 보정은 밑단선에서만 하며 밑단선에 평행하게 조절하려는 치수를 증감한다.
단, 극단적으로 치수를 증감하게 되면 밑단너비도 따라서 증감시키므로 주의한다.

기본 패턴

밑단선

스커트 길이를 길게 할 경우

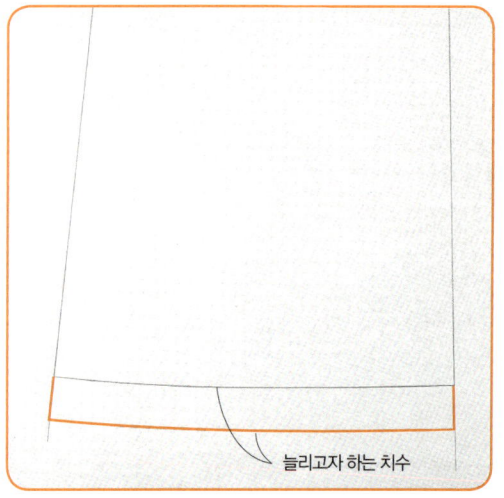

늘리고자 하는 치수

중심선과 옆선은 연장선을 그리고 길이를 늘리고자 하는 치수를 밑단선에 평행하게 그려준다. 앞, 뒤 모두 동일하게 조절한다.

스커트 길이를 짧게 할 경우

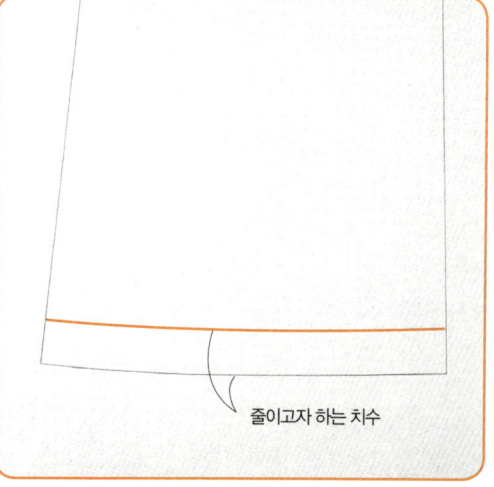

줄이고자 하는 치수

길이를 줄이고자 하는 치수를 밑단선에 평행하게 자른다. 앞, 뒤 모두 동일하게 조절한다.

팬츠 길이 조절하기

밑단선에서 팬츠 길이 보정하기

밑단선에 평행하게 조절하려는 치수를 증감한다.

기본 패턴

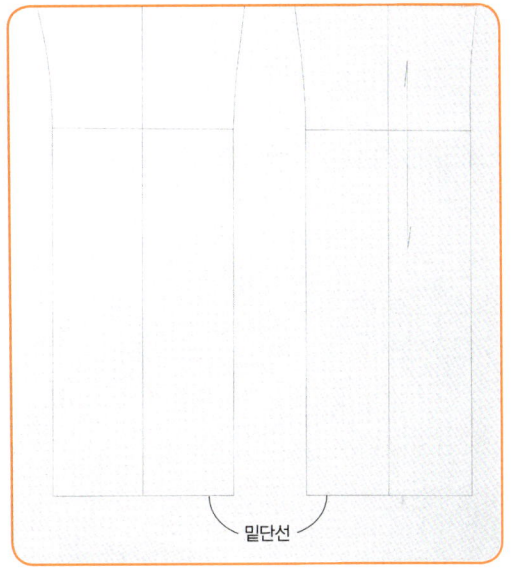

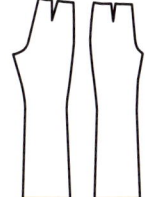

밑단선

팬츠 길이를 길게 할 경우

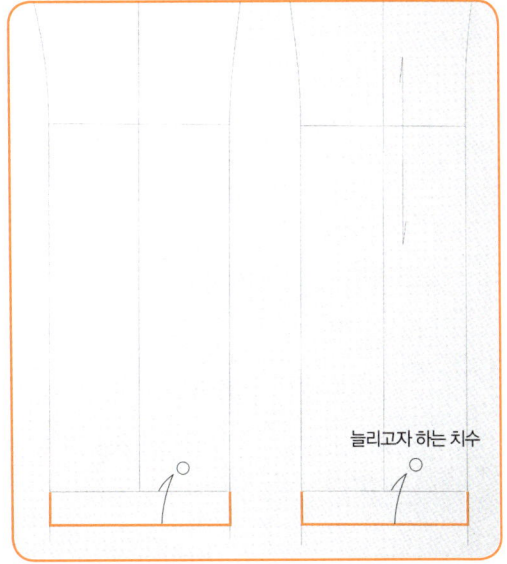

늘리고자 하는 치수

옆선과 다리길이선은 연장선을 그리고 늘리고자 하는 치수를 밑단선에 평행하게 그려준다. 앞, 뒤 모두 동일하게 조절한다.

팬츠 길이를 짧게 할 경우

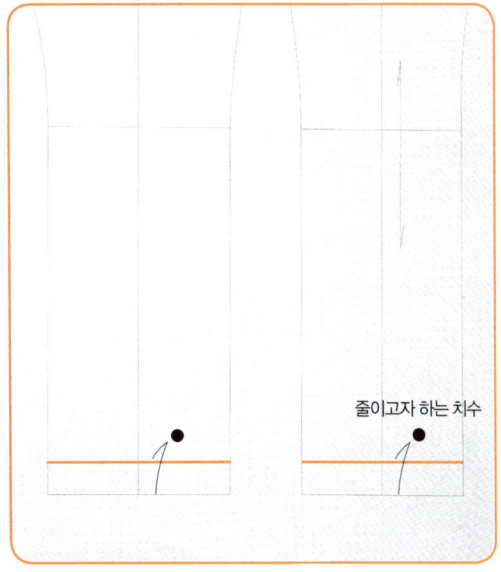

줄이고자 하는 치수

줄이고자 하는 치수를 밑단선에 평행하게 자른다. 앞, 뒤 모두 동일하게 조절한다.

팬츠 길이 중간에서 보정하기

무릎 근처에 시보리가 있는 디자인 등 실루엣을 바꾸고 싶지 않을 때는
팬츠 길이의 중간을 벌려서 조절하려는 치수를 증감한다.

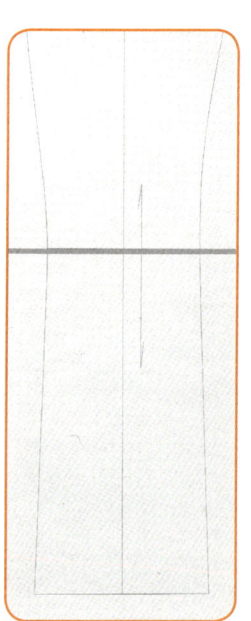

기본 패턴

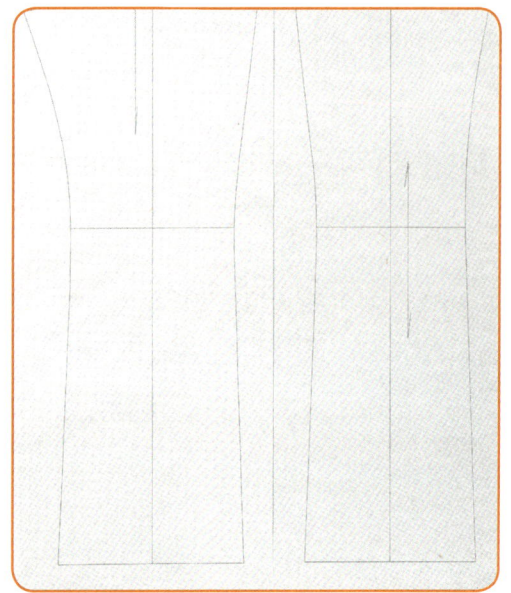

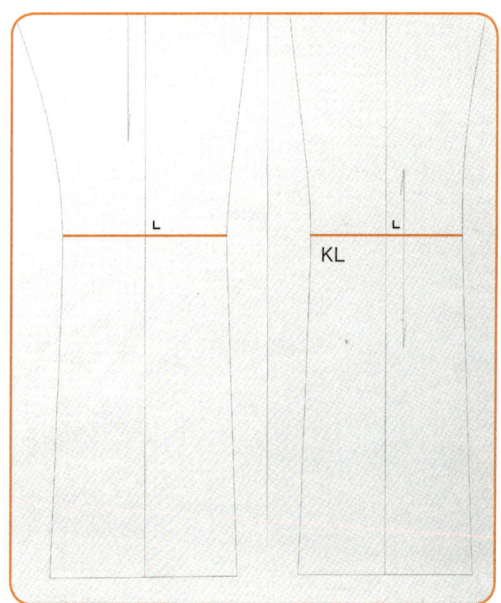

1 KL(무릎선) 또는 다리길이선의 중간쯤에서 패턴의 잘
록한 부근을 기준으로 올 방향에 수직으로 선을 그린다.

2 패턴을 잘라 벌려준다.

팬츠 길이를 길게 할 경우

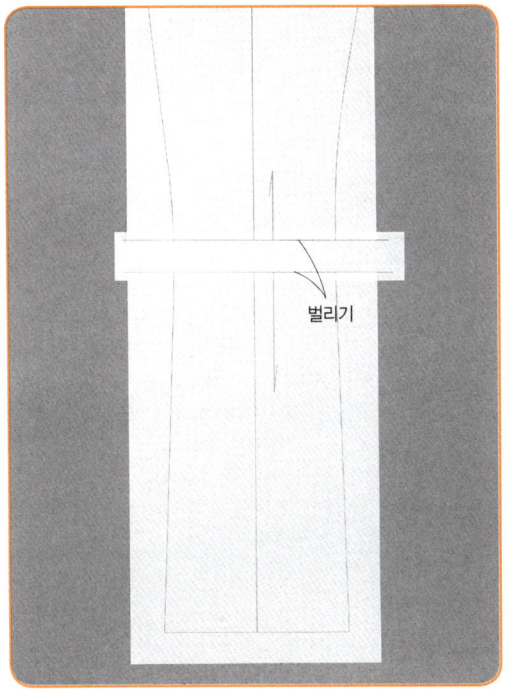

벌리기

3 중심선이 어긋나지 않도록 늘리고자 하는 치수를 벌린 다음 패턴을 더한다.

4 자연스럽게 이어지도록 선을 다시 그린다. 앞, 뒤 모두 동일하게 조절한다.

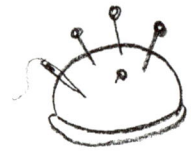

팬츠 길이를 짧게 할 경우

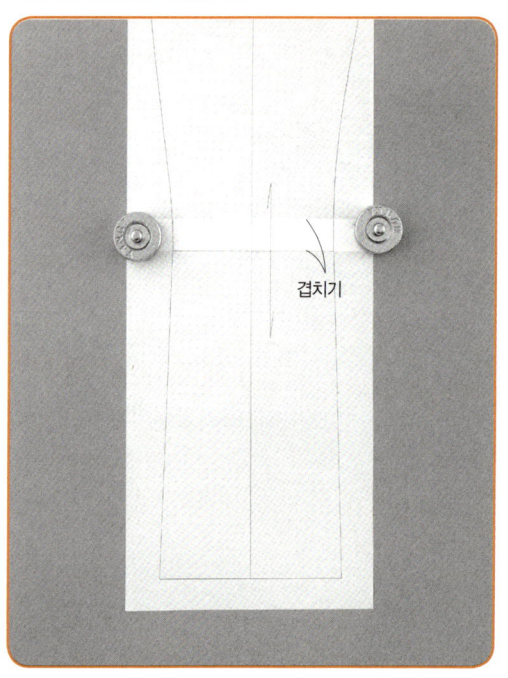

겹치기

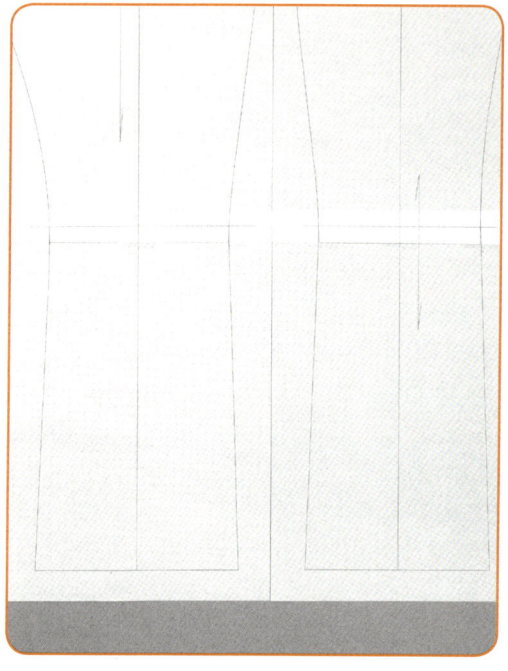

3 중심선이 어긋나지 않도록 줄이고자 하는 치수를 겹쳐서 고정해준다.

4 자연스럽게 이어지도록 선을 다시 그린다. 앞, 뒤 모두 동일하게 조절한다.

너비 보정하기

증감하고 싶은 치수에 따라서 보정 부분을 분산한다.

품과 소매 너비 조절하기

옆선에서 품 보정하기

옷의 균형을 깨지 않도록 하기 위해서 전체
에서 4cm까지는 옆선에 평행하게 증감한다.
4cm 이상을 증감할 때는 품 중간에서도 보
정한다(p.104 참조).
소매를 달아줄 경우에는 소매 너비도 보정한
다(p.102 참조).

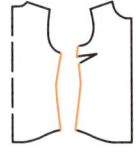

품을 넓게 할 경우

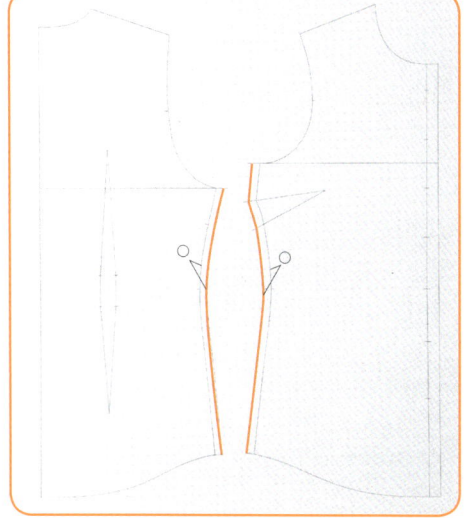

| 전체에서 늘리고자 하는 치수의 1/4＝○(최대
1cm)를 옆선에 평행하게 그려준다. 다트선은 연장시
켜둔다.

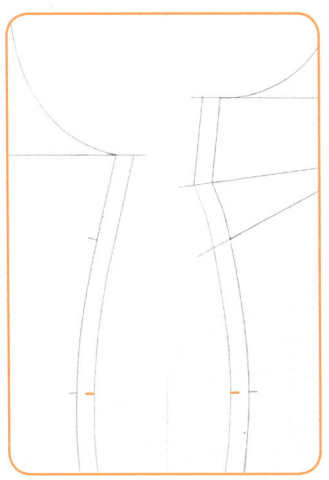

2 허리둘레에 맞춤 표시를 넣은
다음 맞춤 표시를 기준으로 패턴을
확인해간다.

새로운 다트 위치
맞춤 표시

3 앞뒤의 옆선을 겹쳐서 치수를
확인한다. 이 패턴에는 다트가 있기
때문에 뒤판 옆선에 새로운 다트 위
치 맞춤 표시를 넣는다.

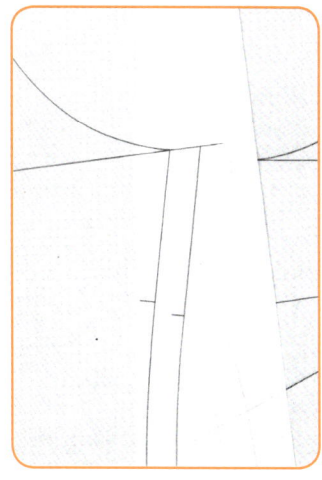

4 다트에서부터 위의 옆선을 맞대
어 소매 밑부분까지의 치수를 확인
한다.

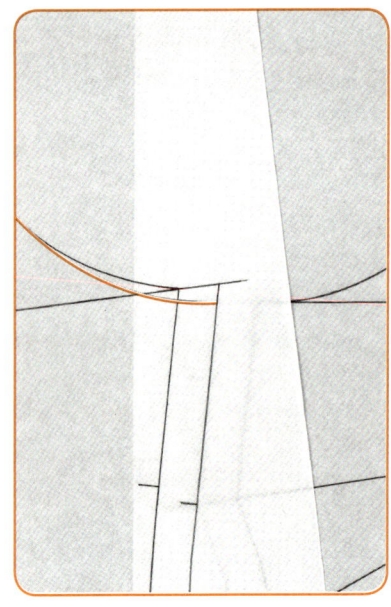
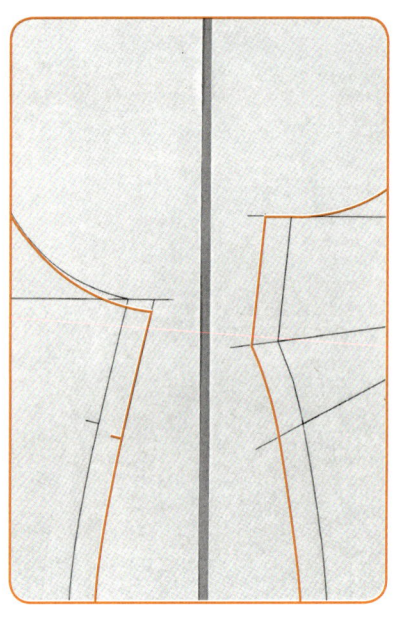

5 치수를 맞춘 다음 자연스럽게 이어지도록 진동둘레선을 다시 그린다.

6 새로운 진동둘레에서 이어진 옆선 모습

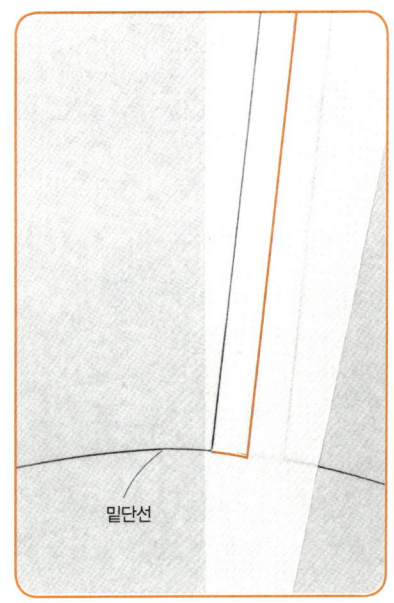

밑단선

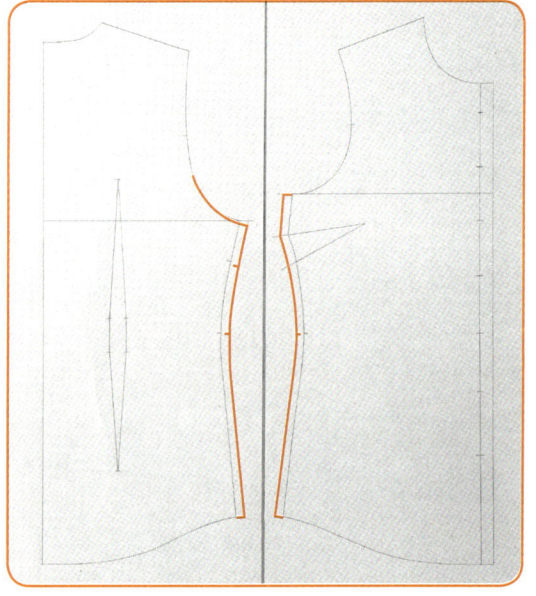

7 허리둘레부터 밑단까지의 치수도 확인한 다음 어긋나 있을 경우에는 밑단선을 다시 그린다.

8 완성된 모습

품을 좁게 할 경우

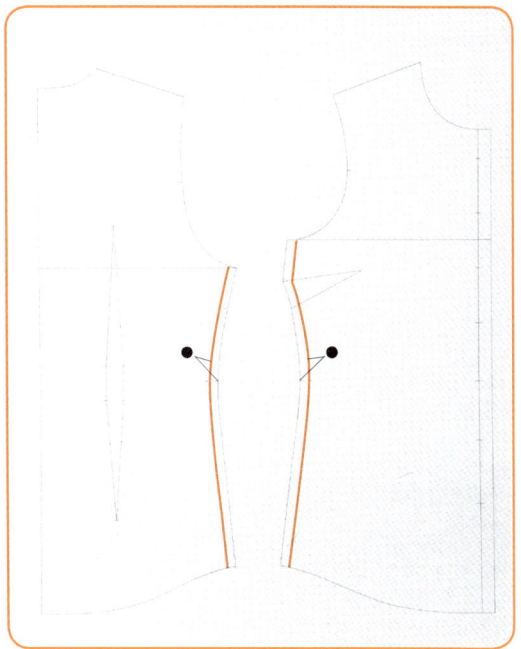

1 전체에서 줄이고자 하는 치수의 1/4=●(최대 1cm)를 옆선에 평행하게 자른다.

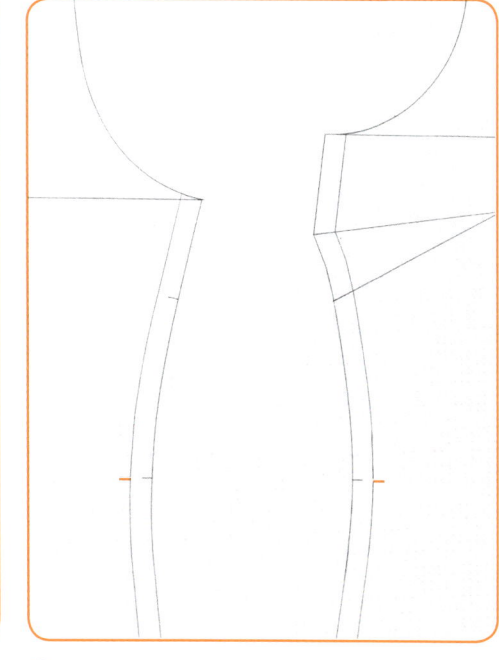

2 허리둘레에 맞춤 표시를 넣은 다음 맞춤 표시를 기준으로 패턴을 확인해간다.

새로운 다트 위치
맞춤 표시

3 앞뒤의 옆선을 겹쳐서 치수를 확인한다. 이 패턴에는 옆다트가 있기 때문에 뒤판 옆선에 새로운 다트 위치 맞춤 표시를 넣는다.

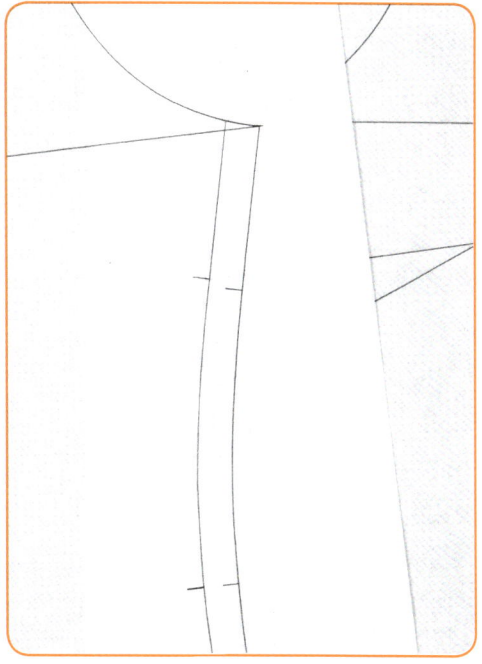

4 다트에서부터 위의 옆선을 맞대어 소매 밑부분까지의 치수를 확인한다.

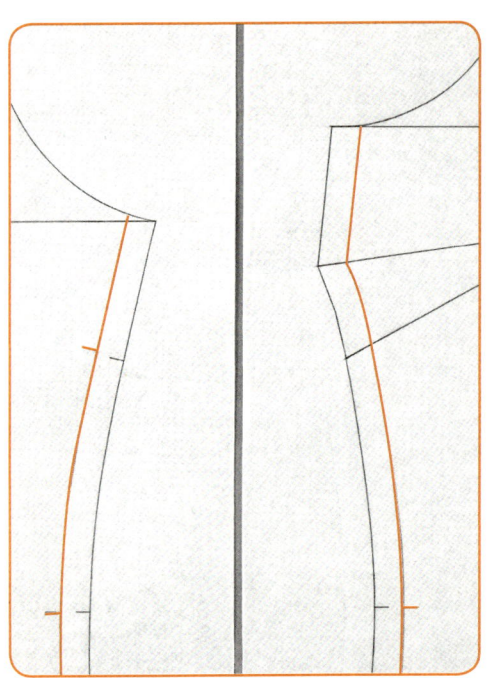

5 새로운 진동둘레에서 이어진 옆선 모습

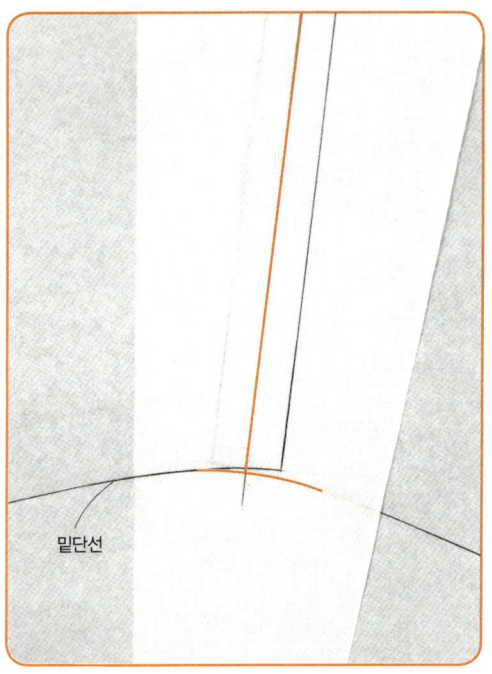

밑단선

6 허리둘레부터 밑단까지의 치수도 확인한 다음 어긋나 있을 경우에는 밑단선을 다시 그린다.

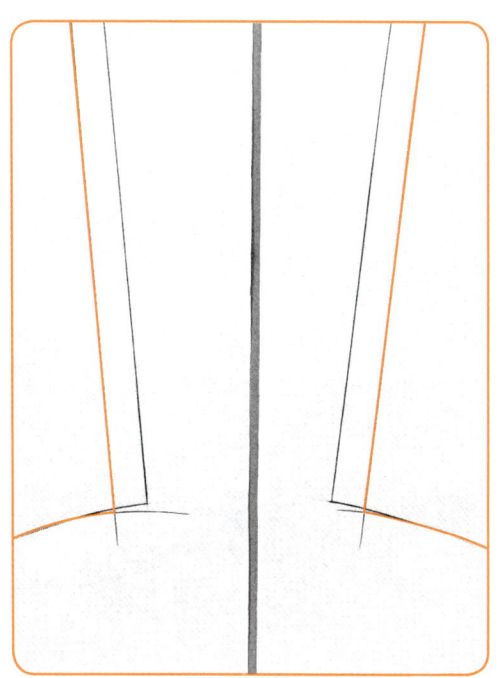

7 새로운 밑단까지 이어진 옆선 모습

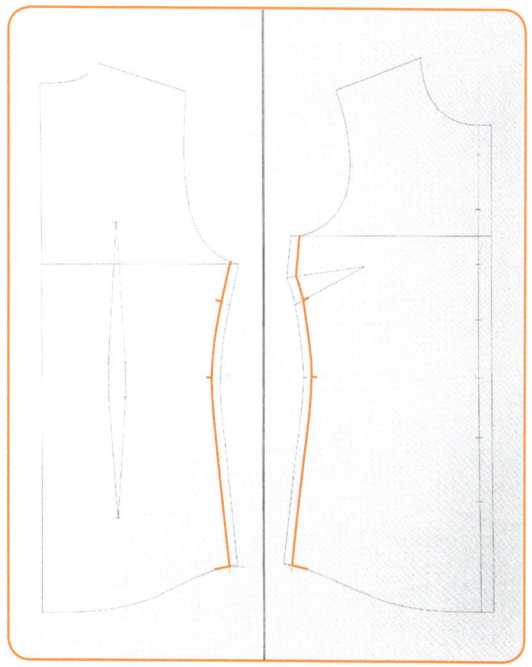

8 완성된 모습

소매밑선에서 소매 너비 보정하기

품을 조절했다면 소매너비도 조절해준다. 소맷부리폭은 품에서 조절한 치수의 1/2로 해주면 균형이 맞는다.

품을 넓게 한 경우

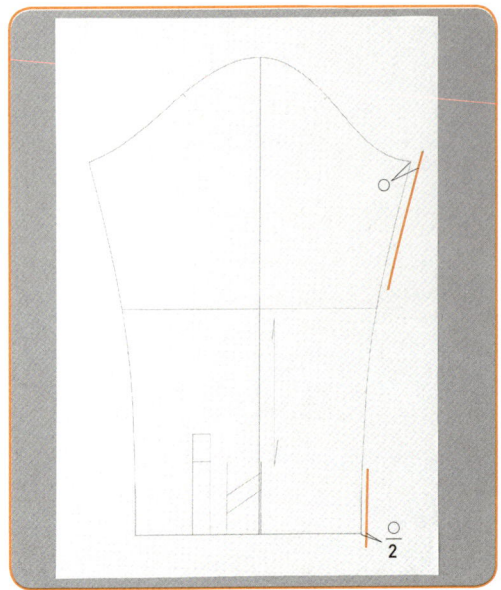

1 소매산 밑부분에서는 품에서 그려준 치수(○)를, 소맷부리에서는 그 1/2만큼을 표시한다.

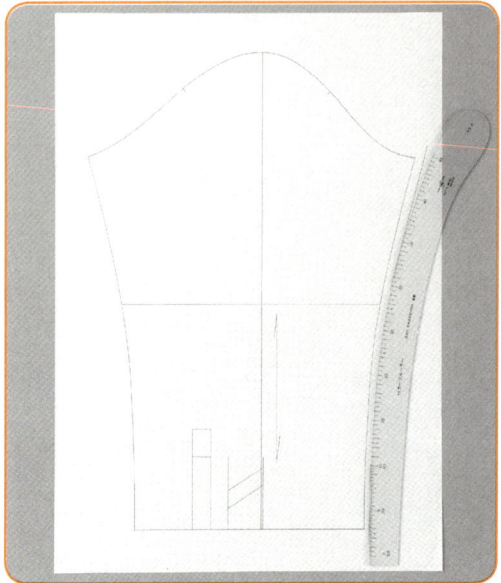

2 자연스럽게 이어지도록 선을 다시 그린다.

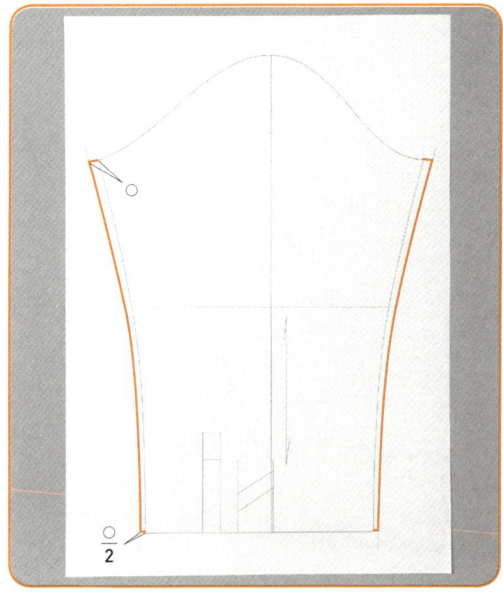

3 뒤쪽도 동일하게 조절한다.

품을 좁게 한 경우

 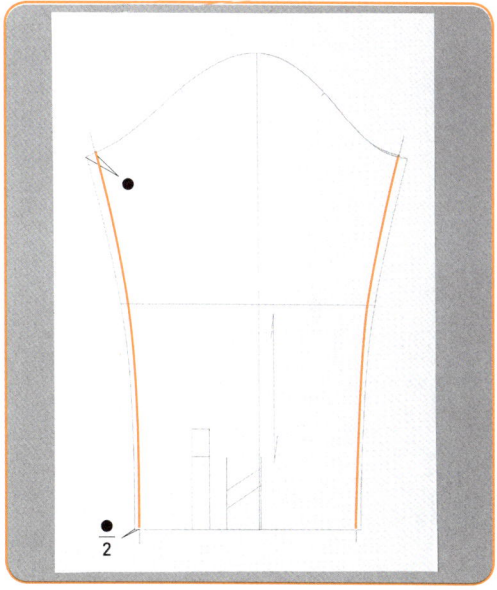

1 소매산 밑부분에서는 품에서 좁혔던 치수(●)를, 소맷부리에서는 그 1/2만큼을 표시한다.

2 자연스럽게 이어지도록 선을 다시 그린다. 뒤쪽도 동일하게 조절한다.

품 중간에서 너비 보정하기

소매 너비를 조절하지 않고 품만 조절할 때는 중간에서 보정한다. 보정 치수는 전체에서 2cm까지 가능하다.
※이 경우에는 어깨너비도 1cm 증감한다.

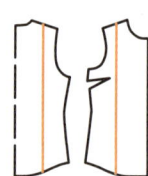

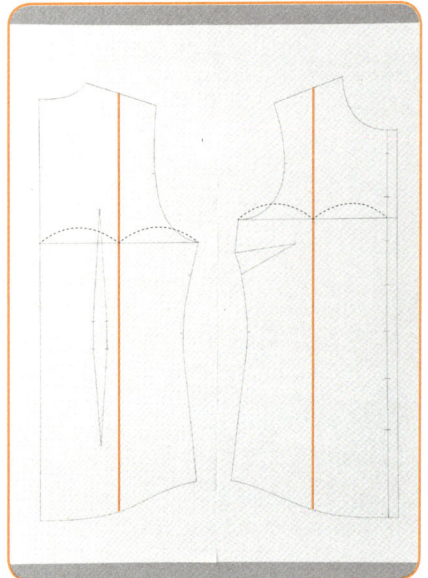

| 품 중간에 올 방향에 평행인 선을 그린다.

품을 넓게 할 경우

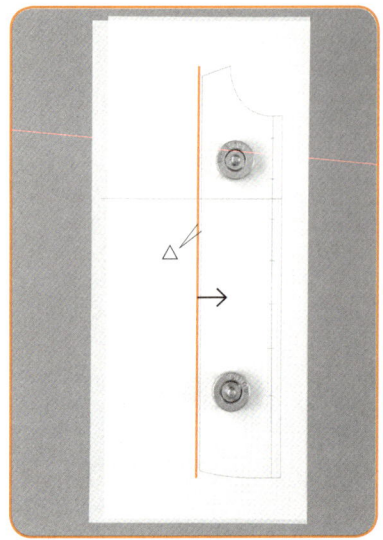

3 전체에서 늘리고자 하는 치수의 1/4=△(최대 0.5cm)를
바깥쪽에 평행하게 선을 그린 다음 1의 선에 맞춘다.

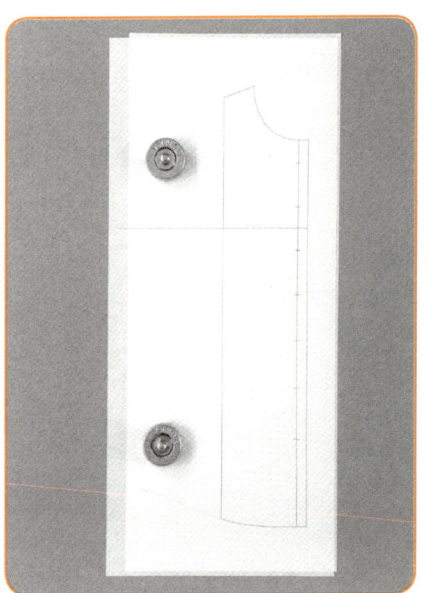

2 중심 쪽의 몸판을 베낀다.

품을 좁게 할 경우

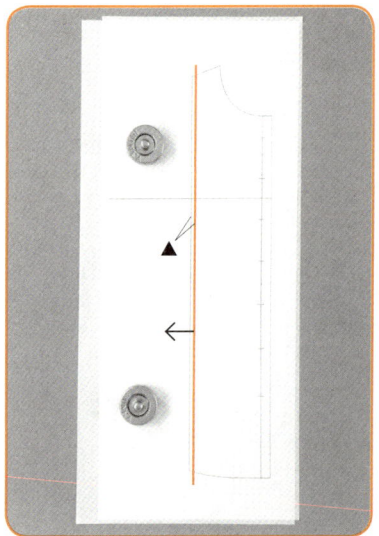

3 전체에서 줄이고자 하는 치수의 1/4=▲(최대 0.5cm)를
안쪽에 평행하게 선을 그린 다음 1의 선에 맞춘다.

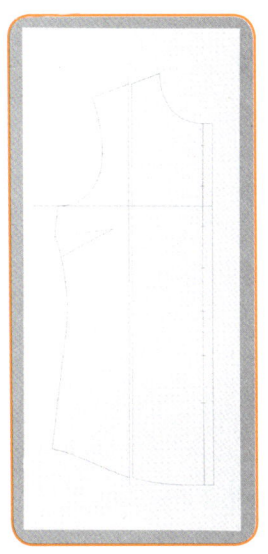

4 옆솔기 쪽의 몸판을 베낀 뒤에 어깨선과 밑단선을 다시 그린다.

5 앞, 뒤 모두 동일하게 조절한다.

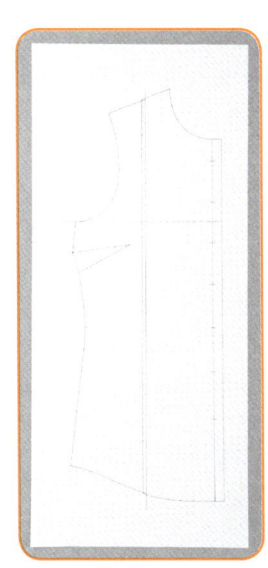
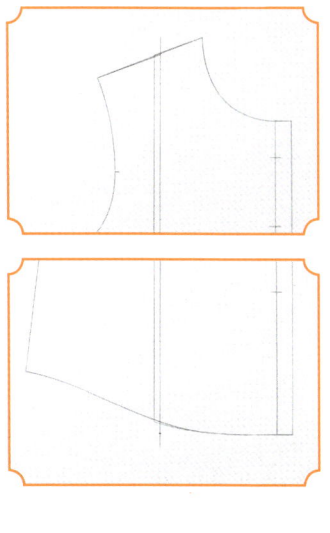
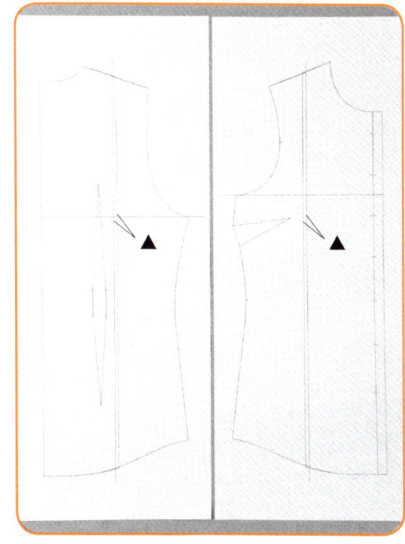

4 옆솔기 쪽의 몸판을 베낀 뒤에 어깨선과 밑단선을 다시 그린다.

5 앞, 뒤 모두 동일하게 조절한다.

스커트 너비 조절하기

옆선에서 스커트 너비 보정하기

옷의 균형을 깨지 않도록 하기 위해서 전체에서 4cm까지는 옆선에 평행하게 증감한다.
평행하게 조절하기 때문에 허리둘레와 엉덩이둘레는 똑같은 치수만큼 바뀐다.
4cm 이상 증감할 때는 중심선에서도 보정한다(p.107 참조).

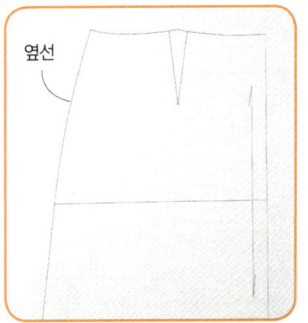

옆선

스커트 너비를 넓게 할 경우

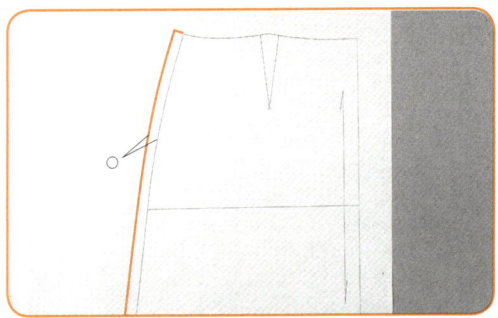

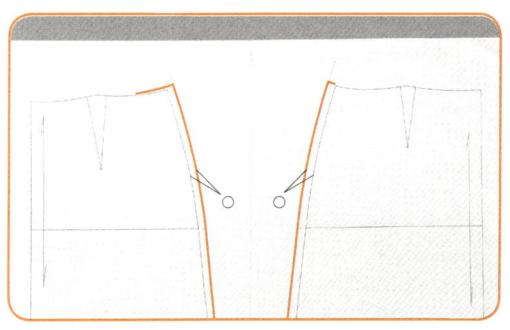

| 전체에서 늘리고자 하는 치수의 1/4=○(최대 1cm)를 옆선에 평행하게 그려준다.

2 앞, 뒤 모두 동일하게 조절한다.

스커트 너비를 좁게 할 경우

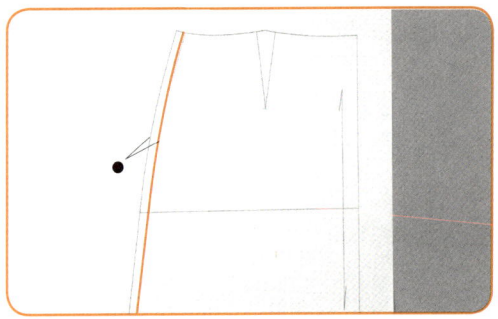

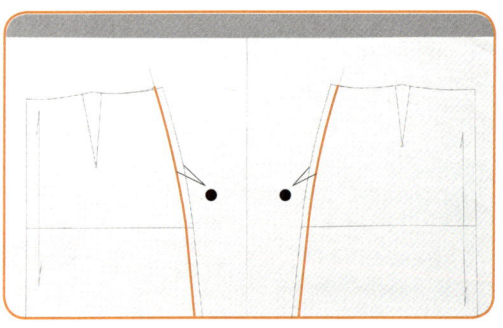

| 전체에서 줄이고자 하는 치수의 1/4=●(최대 1cm)를 옆선에 평행하게 자른다.

2 앞, 뒤 모두 동일하게 조절한다.

앞뒤중심선에서 스커트 너비 보정하기

중심선에서의 보정은 전체에서 2cm까지 가능하다.
평행하게 조절하기 때문에 허리둘레와 엉덩이둘레는 똑같은 치수만큼 바뀐다.

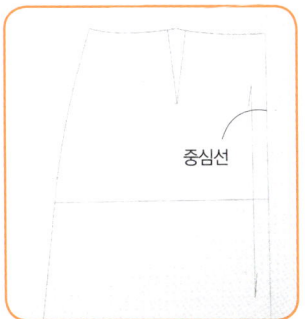

중심선

스커트 너비를 넓게 할 경우

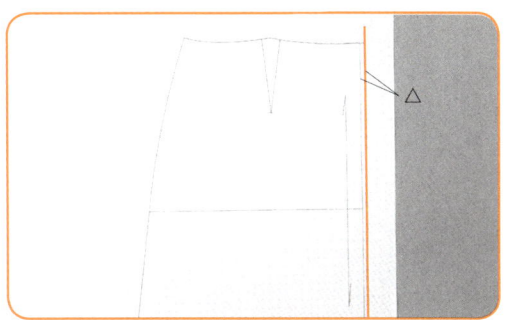

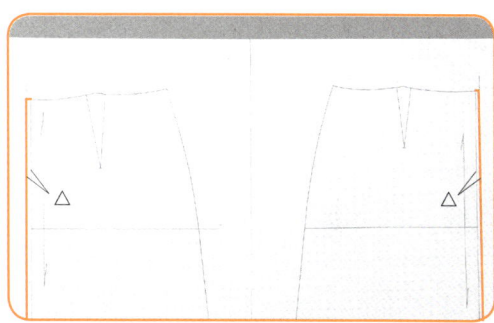

1 전체에서 늘리고자 하는 치수의 1/4=△(최대 0.5cm)를 중심 옆선에 평행하게 그려준다.

2 앞, 뒤 모두 동일하게 조절한다.

스커트 너비를 좁게 할 경우

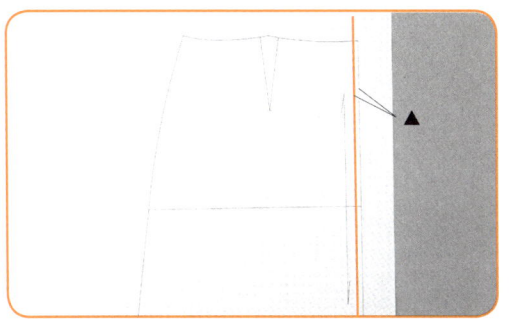

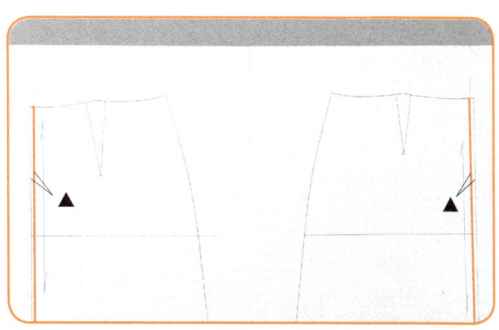

1 전체에서 줄이고자 하는 치수의 1/4=▲(최대 0.5cm)를 중심 옆선에 평행하게 자른다.

2 앞, 뒤 모두 동일하게 조절한다.

Tip

허리너비만 조절하고 싶은 경우(다트가 있는 경우)

허리치수만 보정하고 싶을 때는 다트 분량을 증감한다.

보정하고 싶은 치수를 각 다트에 분산하기 때문에 다트 개수에 따라 조절할 수 있는 치수가 바뀐다.

다트 한 개에서 증감하는 치수는 늘리고자 하는 경우에는 0.5cm까지,

줄이고자 하는 경우에는 0.3cm까지 가능하다.

허리너비만을 넓게 할 경우

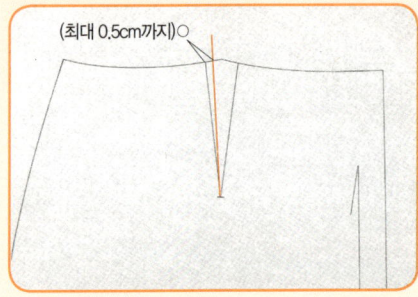

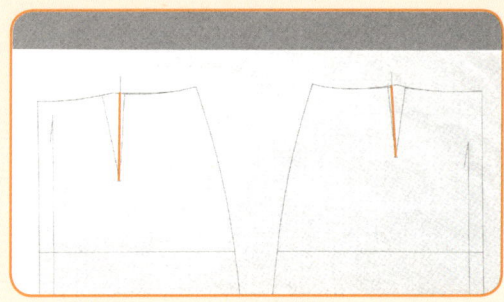

1 ○=(전체에서 늘리고자 하는 치수÷다트 개수)를 다트 분량에서 줄인다.

2 앞뒤 각 다트를 동일하게 조절한다.

허리너비만을 좁게 할 경우

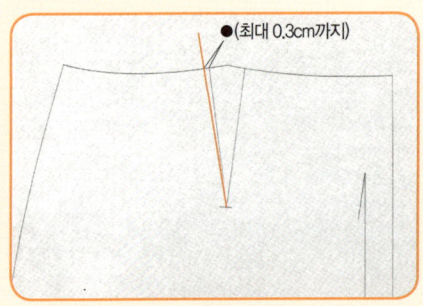

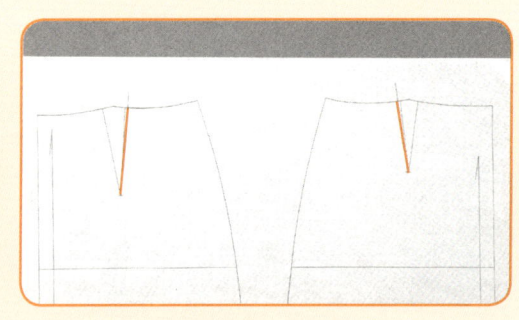

1 ●=(전체에서 줄이고자 하는 치수÷다트 개수)를 다트 분량에 추가한다.

2 앞뒤 각 다트를 동일하게 조절한다.

팬츠 너비 조절하기

옆선에서 팬츠 너비 보정하기

옷의 균형을 깨지 않도록 하기 위해서 전체에서 4cm까지는 옆선에 평행하게 증감한다.
평행하게 조절하기 때문에 허리둘레와 엉덩이둘레는 똑같은 치수만큼 바뀐다.
4cm 이상을 증감할 때는 팬츠 너비의 중간에서도 보정한다(p.110 참조).

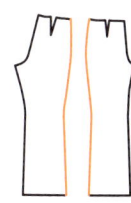

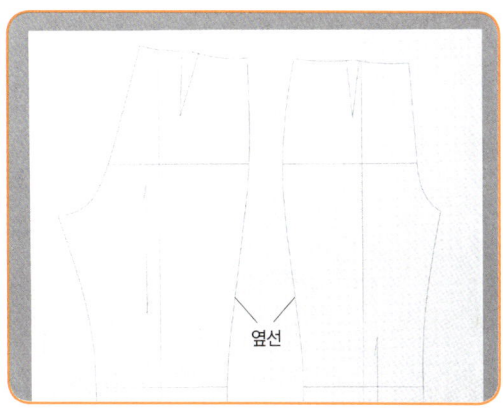

옆선

팬츠 너비를 넓게 할 경우

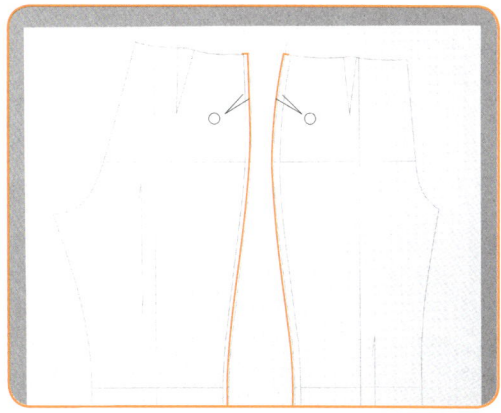

전체에서 늘리고자 하는 치수의 1/4=○(최대 1cm)를 옆선에
평행하게 그려준다. 앞, 뒤 모두 동일하게 조절한다.

팬츠 너비를 좁게 할 경우

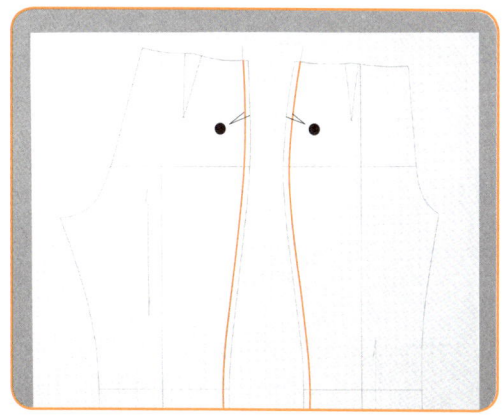

전체에서 줄이고자 하는 치수의 1/4=●(최대 1cm)를 옆선에
평행하게 자른다. 앞, 뒤 모두 동일하게 조절한다.

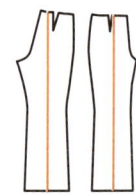

팬츠 너비 중간에서 너비 보정하기

중간에서의 보정 치수는 전체에서 2cm까지 가능하다.
평행하게 조절하기 때문에 허리둘레와 엉덩이둘레는 똑같은 치수만큼 바뀐다.

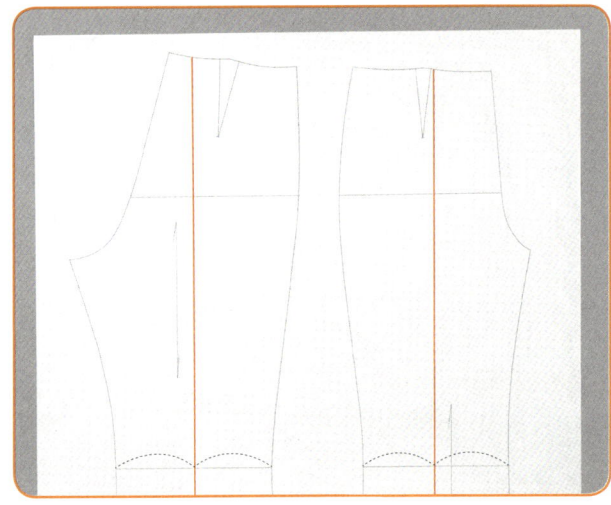

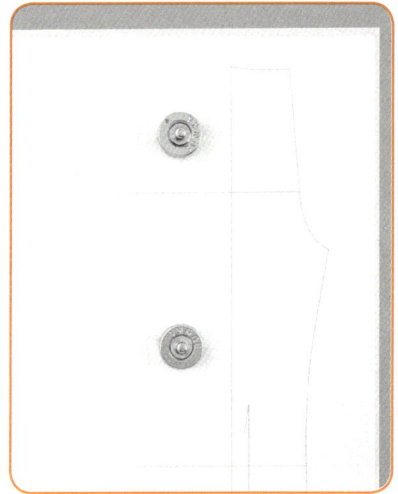

1 팬츠 너비 중간에 올 방향에 평행인 선을 그린다.

2 중심 쪽의 패턴을 베낀다.

0.3 샤프펜슬
제도 등에 사용되는 심의 굵기가 0.3mm인 샤프펜슬. 패턴 만들기, 특히 패턴 보정 시에 mm 단위로 선을 그릴 경우 더욱 정확한 치수를 그릴 수 있다.

팬츠 너비를 넓게 할 경우

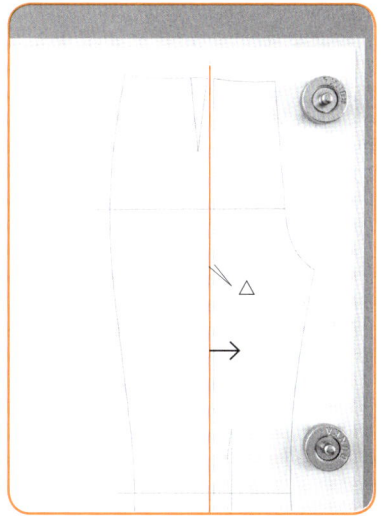

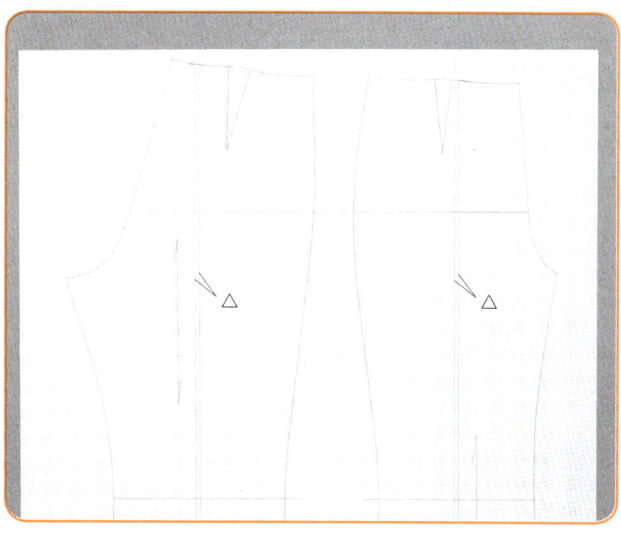

3 전체에서 늘리고자 하는 치수의 1/4=
△(최대 0.5cm)를 바깥쪽에 평행하게 선을
그린 다음 1의 선에 맞추고 옆솔기 쪽의 패
턴을 베긴다.

4 앞, 뒤 모두 동일하게 조절한다.

팬츠 너비를 좁게 할 경우

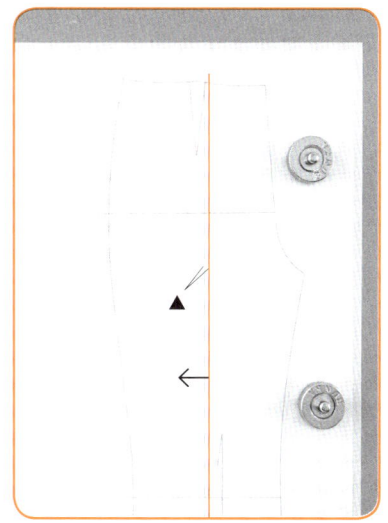

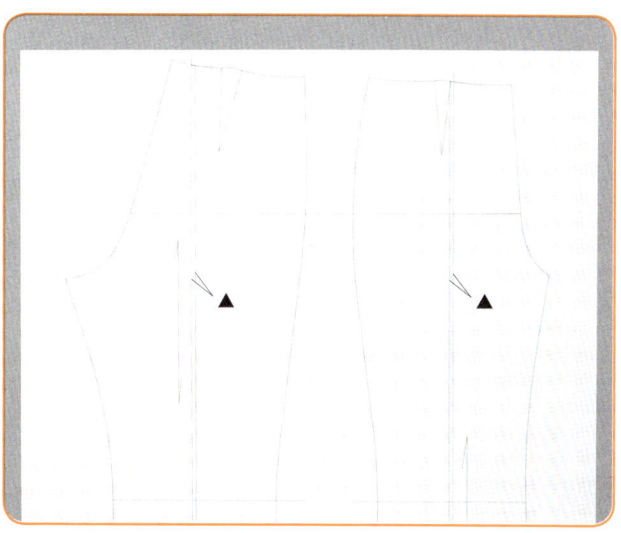

3 전체에서 줄이고자 하는 치수의 1/4=
▲(최대 0.5cm)를 안쪽에 평행하게 선을
그린 다음 1의 선에 맞추고 옆솔기 쪽의 패
턴을 베긴다.

4 앞, 뒤 모두 동일하게 조절한다.

Japanese Staff
발행자 Sunao Onuma
북디자인 Masami Tate
촬영 Takeshi Fujimoto
교열 Masako Mukai
편집 Nobuko Hirayama(BUNKA PUBLISHING BUREAU)

쉽게 배우는 패턴&재단

초판 1쇄 발행 2011년 10월 9일
초판 14쇄 발행 2024년 8월 1일

지은이 미즈노 요시코
옮긴이 김수연
펴낸이 김영조
편집 김시연 | **디자인** 정지연 | **마케팅** 김민수, 조애리 | **제작** 김경묵 | **경영지원** 정은진
외주디자인 ALL design group
펴낸곳 싸이프레스 | **주소** 서울시 마포구 양화로7길 44, 3층
전화 (02)335-0385 | **팩스** (02)335-0397
이메일 cypressbook1@naver.com | **홈페이지** www.cypressbook.co.kr
블로그 blog.naver.com/cypressbook1 | **포스트** post.naver.com/cypressbook1
인스타그램 싸이프레스 @cypress_book | **싸이클** @cycle_book
출판등록 2009년 11월 3일 제2010-000105호

ISBN 978-89-97125-02-9 13630